Bon appétit Madame

"Délicieux" Routes de France

Par Sachiko Shomoto

ボナペティ！ おいしいフランス巡り

菖本幸子

“Deliecieux” Routes de France

世界三大料理のフランス料理。20代でフランスを訪れるまでは、皿周りに仰々しく並ぶカトラリーとひと皿ずつ運ばれる料理に対し、二本の箸で済む一汁三菜定食スタイルの和食とは対極のイメージを持っていた。初めてフランスを訪れたのは大学の美術研修旅行。ベルエポック調のレストランでバブル期の結婚式のような食事をしたが、何を食べたのか全く思い出せない。真っ先に思い出すのは、自由時間にオルセー美術館前で巨大な像の彫刻を眺め地座りで同級生と頬張ったジャンボン&フロマージュ（ハムとチーズ）のサンドイッチ！ 香ばしくパリッと焼けたバゲットに無塩発酵バターがたっぷり塗られジューシーなボンレスハムとコク深いグリュイエールチーズを挟んだ、言わばフランス王道サンドイッチ!! 「フランスはサンドイッチがおいしいよ」なんてこと当時は耳にしなかったし、購入したのは露店だった。その頃の日本でバゲットに当たるものはスーパーなどで手に入る太っちょなバタール。パンに塗るのはマーガリンが当たり前な昭和生まれの女子大生にはおいしすぎて、脳内でドーパミンが一気に分泌された。初春を感じる陽気の異国の地で友人たちと頬張ったから、一層おいしく感じたのかもしれない。自分で選んだごはんは記憶に残るし情景もじわじわと蘇る。留学期間に私を訪ねてきた両親。今でもうれしそうに「リュクサンブール公園で食べたサンドイッチは、口の中が切れて痛かったけど旨かったな」と語る父に親子だなと感じる。海外の旅ごはんは、素材の品質に調理の熟度、自身の体調、心の余裕、不馴れな注文への店の対応などの要素があいまりちょっとした賭けみたいなもの。留学後も度々フランスを訪れ、40代まではテトリスのごとく限られた日程と腹の容量をフル活用したが、今は気力も体力も正直お疲れぎみの50代に突入。日本での感覚ではなかなか一筋縄ではいかない国だからなんやかんや大変だけど、終わってみると楽しかったといつも思えるのはなぜだろう。表現豊かなラテンの国民性に触れ、自分の内に隠れていた感情が揺り起こされ自分軸が芽生えるということもあるが、フランスの滋味豊かな食材、料理を味わい口福度が増すからではないかと思う。フランス菓子を学び仕事に繋がったことへの感謝の気持ちでなにかお役に立てることがないかと「50代のパリ旅本」を頭に描いていた時に産業編集センターの松本さんから「フランス全地域圏を食で巡る企画はいかがですか?」と声をかけていただいた。大きなフランス全土!! 想像だにしなかった。常にレールアウトしがちの私には筋道だった食旅は苦痛になるに違いない。フランスは大好きだが、ブルーチーズや熟成の進んだチーズは苦手、グランシェフのような料理知識なんてもっての他、ワインも素人舌なのでその手の本を書くならその道の方々が適任だろう。どうしようかなぁとフランスの地図を眺めると、日本の1.5倍の国土。極端に言うと西はバターの料理、南はオリーブオイルで地方色豊か。北はベルギー、西はイギリス海峡、東はドイツ、南西はスペイン、南はイタリアと接し、食の重なりも見逃せない。先立つ資金もないが限られた日数で全て食べ尽くすなんてありえないし、一地域圏だけで一冊終わってしまいそう。でも、色々調べているうちに、あれ食べたい、これ飲みたい欲が芽吹いていく。ガストロノミー料理もいいが、どうせなら地元の食堂の普段ごはんや市場で旬の野菜や果物を買ったり、町のパン屋でパンを買い土地のハムを挟んで移動の列車で風景と一緒に味わったり、ノルマンディーの静かな海を眺めたり、夏のコルシカの浜辺で夕日アペロするのもいいかも……と妄想が始まった。留学当時はワインの味も覚えたてで、リヨンが居酒屋文化の育まれた土地とは知らなかった。毎年ひとりで盛り上がるボジョレー・ヌーボーと私の作るブッフブルギニョン、本場ブルゴーニュでの味の答え合わせをしてみたい。どうせなら紅葉の葡萄畑でまどろんでみたい。腹の容量は熟知してるから旅が楽しく続くよう無理はしない。周りには取材旅行? なんて言われるけど、重度の方向音痴、車の免許なし、アポイント時間に追われおいそれと寄り道やまどろむこともできないし、食べたいものは自分で決めたい、決められた出会いではなく旅の出会いがしたい。型にはまらず囚われず、その時の出会いを自由に楽しむフランス旅、そんな旅ならしてみたい! 食を通してフランスの土地を楽しむ、風景も一緒に。大人の旅は気ままでゆっくりと、朝焼けも夕焼けも眺めたい。ルート探しは大変だが臨機応変に。ほぼひとり旅、大きなスーツケースでは不安もあるし自由も遮られそうなので人生初のバックパッカーに挑戦! どんと大きなリュックもこれまた体力的に自信なし。咄嗟に逃げなきゃいけない時(実際には列車のホームに滑りこむ時)も考えて、身の丈にあった相棒(リュック)を見つけ、さぁ旅に出よう!!

Sommaire

Régions françaises

13のフランスの地域圏

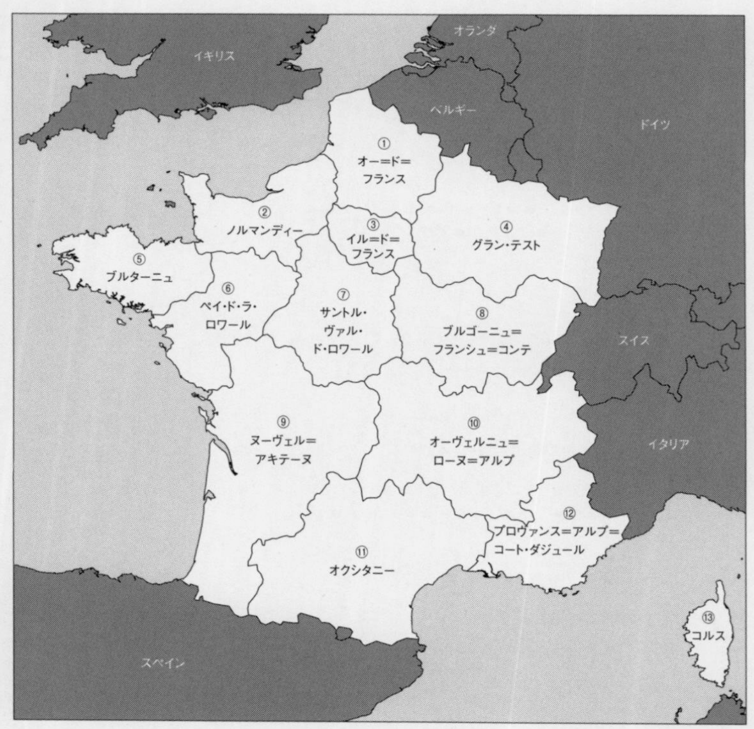

旅のルート

［春旅］ ⑫プロヴァンス=アルプ=コート・ダジュール ⑦サントル・ヴァル・ド・ロワール ⑥ペイ・ド・ラ・ロワール ⑤ブルターニュ

［夏旅］ ⑨ヌーヴェル=アキテーヌ ⑪オクシタニー ⑬コルス

［秋旅］ ⑧ブルゴーニュ=フランシュ=コンテ ②ノルマンディー ①オー=ド=フランス

［冬旅］ ⑩オーヴェルニュ=ローヌ=アルプ ④グラン・テスト ③イル=ド=フランス

地域圏と旅した主要都市

① **オー=ド=フランス地域圏**
リール

② **ノルマンディー地域圏**
トルヴィル·シュル·メール、ドーヴィル、ポン·レヴェック、ルーアン

③ **イル=ド=フランス地域圏**
パリ

④ **グラン·テスト地域圏**
コルマール、リボーヴィレ、エイコフェン、サン·ティポリット、ナンシー

⑤ **ブルターニュ地域圏**
サン·マロ、カンカル、ロクロナン、レンヌ

⑥ **ペイ·ド·ラ·ロワール地域圏**
アンジェ

⑦ **サントル·ヴァル·ド·ロワール地域圏**
サン·ピエール·デ·コール

⑧ **ブルゴーニュ=フランシュ=コンテ地域圏**
ブザンソン、アルボワ、ニュイ·サン·ジョルジュ、ディジョン

⑨ **ヌーヴェル=アキテーヌ地域圏**
ボルドー、サン·テミリオン、リュサック、バイヨンヌ、
サン·ジャン·ド·リュズ、ラ·リューヌ

⑩ **オーヴェルニュ=ローヌ=アルプ地域圏**
リヨン、アヌシー

⑪ **オクシタニー地域圏**
ルルド、トゥールーズ

⑫ **プロヴァンス=アルプ=コート·ダジュール地域圏**
エクス·アン·プロヴァンス、マルセイユ、マントン、ニース

⑬ **コルス地域圏**
コルス

C'est Parti !

ちょっとそこまで、フランスへ

2023年9月12日、羽田空港からベトナム航空でフランスへ。ハノイ経由でパリに到着したのは翌日の午前。約4年半ぶりのフランスそして海外への旅。“銀河鉄道999”を口ずさみ行ってきま〜す！ なんて友人たちに出発宣言したものの、出発半月前から胸は高鳴り、緊張で搭乗前から乗り物酔いのような悪心が……。これでは機内で酒を楽しむどころではない。夏旅は初訪問の地域だったことが心許なく、またトゥールーズからコルス[※1]へのスペインの航空会社での移動にも不安を抱いた。気を紛らそうと出発前に自宅をせっせと掃除したが、夫に重要書類の説明をすると「フランスで死ぬのか⁉」と言われ気の抜けた失笑でしか返せず。そんな時は、「ちょっとそこまで、フランスへ」を呪文のようにつぶやくと、不思議なことに多少は気が軽くなる。出発当日家族（夫：ナチュールワインのインポーター、ふく：ハチワレのおす猫）に玄関で見送られ、8kgリュックを背負い緊張顔で一歩踏み出した。目先は一歩先ではない、遠くのフランスに向け大股で闊歩していく妻の背中を夫はどう思ったことか。周りの景色も目に入らず、最寄り駅に着き電車に乗り込んだ。緊張をほぐそうと、脳内ラジオは、♪栄光に向かって走るあの列車に乗っていこう……ブルーハーツを流す。“999”のリクエスト葉書はどこへ行ったのだろう。京急線に乗る頃には、オジー（オジーオズボーン）の“クレイジートレイン”をガンガンに響かせていた。フランスは遠くなる一方だ。

羽田空港に着くと一目散にトイレに駆け込みささやかな静寂を取り戻した。「ちょっとそこまで」の私のフランス旅は始まった。多少のハプニング（機内の席でトマトジュースをぶちまける→世田谷の天使の助けに感謝！）もあったが、無事パリに到着。マダムの香水、カフェ、タバコの煙、モノプリ（スーパー）の食品売り場のバターで炒めた玉ねぎにシャルキュトリー[※2]が混ざったような様々な香りが、機内で寝付けなかった私を強烈に揺り起こした。急に空腹に目覚め、果物売り場で目に入った紫無花果などを買いモンパルナス駅へ。興奮気味にTGV[※3]を撮影していると、駅員ムッシューが微笑んだ。色落ちしたムーミンのようなシートに座ると、「アタンシオン、オデパール！ セ パフティー！（ドアが閉まりますよ、気を付けて！ さぁ、しゅっぱーつ！）」。語尾が楽しげに上がったムッシューのアナウンスで、いざボルドーへ‼

※1 コルシカ。 ※2 ハムなど肉を加工したもの。 ※3 テジェヴェ 高速列車。

Bon appétit Madame

夏旅の章

Voyage d'Été

Nouvelle-Aquitaine
Occitanie
Corse

Bordeaux, Saint-Émilion, Lussac,
Bayonne, Saint-Jean-de-Luz,
La Rhune, Lourdes, Toulouse, Corse

ヌーヴェル=アキテーヌ地域圏
オクシタニー地域圏
コルス地域圏

page 009-051

Mademoiselle

マドモワゼル

パリのモンパルナス駅からTGVで約2時間でボルドー・サン・ジャン駅に到着。パリは鈍色の空で肌寒さを感じるほどだったのに、こちらは白壁の駅を見上げると反射して目が開けられないほど残暑の日差しが強い。

ボルドーは18世紀の貿易発展により栄えた美しい古典派様式の建築が多く残り、世界遺産にも認定されている。滞在アパートは歴史的な街並みを楽しもうと、中心街を選んだ。駅から徒歩25分、歩みを進めていると街の喧騒がなにやら異国色豊かになってきた。通りに連なるアラブ風床屋が気になるも、パリの北駅界隈のようだなと感じ隙を見せぬよう能面早足で先を急いだ。今夜予約したビストロは、ボルドーで一番大きいカプサン市場のそばだ。夜はきっと人通りも少ないだろうからと、店からアパートの一人歩きを考慮し予約の19時半よりも少し早め、19時の開店時間に合わせて行くことを決めたが、やはり正解だったと思う。

フランスでは夜のおひとりさまごはんをする女性は少ない、特にビストロなどでは。私も経験があまりないので、ドキドキしながらその夜コション・ヴォランの扉を開けた。

「ボンソワール！」と一声かけると奥から2人のムッシューが「ボンソワール、マドモワゼル！」と温かな笑顔で迎えてくれた。1人のムッシューのTシャツには“私はオーナーではありません”と書かれてある（笑）。私にもそのマドモワゼル版が必要なようだ。「メッシュー※、いえいえマドモワゼルでは……」と改めようと思ったがそれも照れ臭い。えーい、今夜はマドモワゼルだ！ とはにかみオーナーではない方のムッシューの案内の席ついた。

奥に進むと、壁の白タイルに手書きのメニュー、床は赤白モザイク、ソファータイプのビストロチェアー、紙のテーブルクロスに大きなメニュー黒板！ まさしくザ・フランスビストロ!! 元肉屋跡にふさわしく黒板にはびっしりと肉の種類、部位が豊富に書かれている。2人で来たなら迷わず骨付き牛ステーキを選ぶかも、フランス人が大好きな腎臓や仔牛のレバーステーキにバスク豚もある！ 気になるバスク豚を注文したいが、フランスに到着したばかりの時差ボケのお腹にはジューシーな脂は酷かも、とあきらめ、薄めのフォーフィレ（サーロイン）ステーキとグラスのボルドーワインで初ボルドーとここまで来られた私を祝おうではないか。（仔牛のレバーとかなり悩みつつ）。

さてムッシューにお任せしたワインは、ボルドー南の産地グラーヴが登場。エレガントな赤色、ふわっと広がる品のある甘い香り、口当たりはビロードのように滑らかで心地よい渋み……「ムッシューとてもおいしいです！」（今宵のマド

※ムッシューの複数形。

モワゼルにはぴったりです）。

「ボナペティ！」の声とともに運ばれたステーキは、セニャン（ミディアムレア）でお願いした。表面カリっと、厚みはさほどではないので血が滴るとまではいかないが、中はしっとりとして噛み締めるほどに風味のよい肉汁が口の中にほとばしる。大好物のポムフリッツ（ポテトフライ）もカリッホクッと香ばしく揚がり、カンパーニュの酸味もすっきりしておいしい。ひとつ驚いたのはステーキの塩気が穏やかなのである。私は塩好きだ。我が家では岩塩をしっかり効かせたしょっぱめの赤み肉を噛みしめ、ロワールや南仏のペティアン（微発泡）のワインをグビッと飲む。でもここで塩を足し我流にしてしまうとせっかくのグラーヴの味わいが半減してしまいそうだ。これがボルドーの塩梅なのだと納得し、味わった。

店内はいつの間にか地元の人々や私のようなツーリストで満席。ムッシューたちはどのテーブルにも和やかにサーブ、グループ席ではメニューの解説も熱を帯びている。どのテーブルもお酒もほどよく進んでいるのか賑やかな会話が反響し、まるでフランス語が天井から降り注いでくるよう。うっとりしていると「デセール（デザート）はいかが?」と甘いお誘いが……。ムッシューの口からふたつめに紹介されたデセール“リオレ”に飛び付いた！ リオレは米のミルク煮。米は日本のようにモチッではなくサラッとした口当たり。ミルクとバニラが染み込み、こちらのリオレは甘さもほどよく口のなかで米の粒が弾むような食感で、最高においしかった。

オーナーではないムッシューは人気者だ。お腹も心も十二分に満たされたお礼を大いに伝えて、ムッシューの撮影をお願いした。照れ笑いのムッシューに常連さんたちは口々に「あらっ！ いつの間にスターになったの⁉」と囃し立てる。そこに厨房からロックなシェフムッシューが顔を出し、私に親指グッドサインをして見せる。私も送り返し笑顔で店を出た。一夜限りの幸せなボルドーマドモワゼルの幕が閉じ、マダムは再び能面をさっと被りアパートへと帰路を急ぎ足になるのである。

Lever de soleil

ガロンヌ川の日の出

旅でしたいことのひとつ。それは朝日や夕日をただただ眺めること。

アパート前の通りを、通学中の中高生の大群（どの子もスラッと大人っぽくって中学生か高校生か分からない）とは逆方向に走り抜け、8時前のピエール橋に到着した。月の港と言われる三日月のように湾曲したガロンヌ川に、空色と淡い橙色が混じり合う空から神々しく太陽の光が降り注ぎ、夜が明けていく。少しひんやりした朝の空気に日の光が暖かで、心も身体もじわ～っとほぐれていくのを感じる。徐々に視界が開けてきた。対岸からせわしなく自転車が風を切るように走り去っていく。橋にはトラムが通り、犬をつれ歩く人、ジョギングをする人、携帯で話しながら歩く人など様々だが、圧倒的に多いのが自転車！ おフランスなワインの木箱の荷台になびくトレンチコートが素敵で、木箱にカメラを向けるが、走行中の自転車撮影はなかなか難しい。他にも荷台付きの三輪自転車にちびっこをのせたマダムやムッシュー、デリバリーなど自転車の種類も多いこと。朝のピエール橋は、ボルドーの日常の朝が垣間見られなかなか楽しいものだ。

Croissant

薪釜のクロワッサン

朝日をしっかり浴びながらガロンヌ河沿いを歩く。童話のお城のような美しいカイヨ門や宮殿のようなブルス広場を眺めつつボルドーで楽しみにしていた薪釜のブーランジュリー(パン屋)、オ・ペトラン・モワサゲへ。スペシャリテは地域のガスゴーニュパンだがお目当てはクロワッサンだ。「ボンジュー！」の声とともに扉を開けると、ショーケースやテーブルの、おいしそうな焼き色のあふれんばかりの焼きたてパンが目に飛び込んでくる。朝食をお願いしますと伝えると、ムッシューはにこやかに、店の真ん中にある大きなダイニングテーブルへ案内してくれた。

店の奥には大きな釜が鎮座している。その風格たるや！ 長い長い年月を経てアンティークな風合いを得た貫禄の様を見せている。マダムがライトを照らして釜の中を見せてくれたが、奥まで光が届かないほどの深さだ。天井から吊るしてある釜入れの木ベラは、2m50cmはあるであろうか。18世紀中頃から薪火がともされ、パンが焼き続けられているのだ。期待がどんどん高まった時、朝食は運ばれてきた。

おおらかな巻き目のクロワッサンを手に取りかじりつくと皮生地がバリバリーッ

と口のなかで音をたて剥がれ落ちていく！ ガリ、バリ、ボリ!! なんという食感。中の生地はふわっとバターが染み込み、モチッとしている。これが中世フランスブルボン朝の釜の威力なのか!! パリ15区のピシャールの焼きたてクロワッサンを初めて食べたときにはほっぺが落ちたほどだが、それをぐいっと上回る。私史上世界で一番のクロワッサンだ！ 我が家のふくはクロワッサンの剥がれた小さなカケラが大好物（頻繁にはあげられないが）。ふくにこのクロワッサンをあげたら卒倒するだろうか……きっとマタタビの威力をかる〜く超えるだろう。妄想しながら2口目をかじり周りを見渡すと、同じようにおいしそうな顔。目が合いニコッと微笑み合う。挨拶はいらないのだ。「僕は毎朝ここで幸せな朝食をとるんです」「私はボルドーに仕事で来たけど、ここを選んでよかったわ」「日本から来ました！ ここのクロワッサンが食べたかったんです！」と自然に繰り広げられる会話に、私も興奮気味で参加した。クロワッサンを平らげたら、噛みしめるほどに粉の甘みが増すバゲットへと手をのばす。クリーミーなバターをたっぷり塗り広げ、苺とフランボワーズのジャムをたっぷりのせてサンドしたら、カフェオレにどっぷり浸して口へ……あ〜、ずっと口のなかに入れておきたい。

Sel de vin

ワインの塩

至福の朝食の余韻を味わいながら店を後にして、すぐそばのシャルトロン地区を散策する。石畳の小路に蔦の絡まる18世紀の邸宅やギャラリー、雑貨店、カフェなどが並び、私のアパートの周りよりぐっと洒落ている（滞在はこのエリアの方が正解だったかも）。途中、白亜のサン・ルイ教会で旅の安全を願いつつ、朝食で浮き足立った心を落ち着かせた。カンコス広場を抜け、美しいグランドテアトル（大劇場）を眺めながら、次なるお目当てのバー・ア・ヴァンへ。こちらはボルドーワイン委員会が運営しているバーで、開放的で華やかな店内で様々なボルドーワインがグラスで注文できるので、女子1人旅にはぴったり。意外にも一番乗りだ！ 酒場に一番乗り……と言ってもここはボルドー、エレガントに品よく振る舞おう。

開店準備中のムッシューにお好きな場所にと勧められ、ムッシューに声をかけやすいようカウンターそばの席を選んだ。この店ではワインありきのツマミではなく、ツマミありきのワインをと決めていた。そのツマミとは、ワイン塩が添えられたフォアグラである。なんでも昔、船で輸送中のワインボトルが大波で倒れて割れ、同じく輸送品の塩に染み込んでしまい、試しにそれを舐めてみたところおいしくて商品として製造されるようになったそうだ。ムッシューのお勧めグラスワインは、1番目ソーテルヌ、2番目サン・テミリオンだ。地元の、しかもプロのお勧めは必ず乗った方がよいと思っている。普段飲まない1番目の甘いワインを迷わず注文した。

まだパンが来ないから先に飲んでいてね！ と2015年のソーテルヌをグラスにたっぷり注いでくれた。近頃の日本のビストロやワインバーのグラスワイン量ったら！ と少し愚痴が出てしまいそうなほどのフランス的分量だ。でもこの量を飲んでしまうと昼のはしご酒は少々困難になるかもしれない、と幸せな悩みを抱きつつ、黄金のように輝くマーマレード色のソーテルヌを口へ。瑞々しい口当たり、爽やかでアプリコットや少しマンダリンのコンポートのようなフルーティーな甘みがある。でも口の中にまとわりつかずすっきりとした酸味もある。強い日差しを受けた後ということもあり、グビッといってしまいそうだ。想像以上のおいしさに思わず目を閉じてしまった。瞼を開くと、いつのまにか隣や奥隣のテーブルに、地元感のある品のよいムッシュー、マダムたちの姿。目が合うと、お互いに微笑みながらグラスを持ち上げた。1人のムッシューから「ア ヴォー

トル（あなたの健康に乾杯）！」と言っていただいたので、私も「メルシー、アヴォートル！」とグラスをあげ返した。こうした小さな幸せが堪らない。

そして真打ち登場!! もちろんフォアグラだ。ムッシューが、待たせたねと笑顔で運んでくれた。それを見て一瞬目が泳いだ。皿には手の甲より大きいフォアグラに、ドライフルーツのパンがどっさり。まずはワイン塩から、まさにボルドーの赤ワイン色に染まった塩。どんな味がするのだろうと興味津々で指にとり口にいれたら……なんとふりかけの“ゆかり”の味わい。梅紫蘇のような酸味が染み込んだ、まさに“高級ゆかり”のようだ。高級ゆかり、もといメルロー塩（ワインはメルロー）をフォアグラにのせパクリ、あら馴染むこと！ 口のなかでフォアグラはさっと溶け、ふくよかな甘みが広がる。「こりゃ旨い！」と、思わずちびまる子ちゃんの父ヒロシが現れた。今度はパンにのせてパクリ！ ドライフルーツ無花果からのフォアグラ、レーズン、メルロー塩のマリアージュよ!! そしてすでに半分を切ったソーテルヌをグビッといくと、さらに華やかな味わいのファンファーレ!! 私はまさにグランドテアトルにいるようだ!! ゆっくりグラスのソーテルヌを空けてサン・テミリオンに繋げたい気持ちを抑え、次なる酒場へ。

店を出ると、日差しがぐんと強まっていたが（気温31℃）、ほろ酔いで心地よくもあった。カディオ・バディでブドウのトリュフを買い、キャトル・キャール・トルニーでカヌレを買い、いざカプサン市場へ。さすがに徒歩では閉店時間になってしまいそうなので、おっかないながらもグーグル先生のご指示をあおぎ、トラムに乗り込んだ。異国での乗り物はとんでもないところに行ってしまいそうで不安に駆られる。カプサン市場は案の定閉店作業に追われていたが、ビストロプレットはまだムール貝やお酒を楽しむ人で賑わっていた。カウンターに座り、隣のおいしそうなムールを横目に、リレットと生ハムを、元気で可愛い小麦色のマドモワゼルに注文した。リレットはボルドーで昔から好まれている食前酒。赤、白、ロゼがあり、オレンジの皮やスパイスが利いていて、暑気払いにもぴったりだ。メニューには書かれていなかったが、マドモワゼルは大丈夫よ！と、笑顔で注いでくれた。残暑の昼下がりの市場アペロは心地よい。生ハムの塩加減はよい塩梅で、下に敷かれたカンパーニュには何かがかかっている。私のなかでミスリレットと名付けたマドモワゼル（俊敏に狭いカウンター内を動き、笑顔が多く美人でファニー！ 最強だ）に聞くと、バルサミコ酢とオリーブオイルがかかっていると言う。へえ～、と試しに生ハムと一緒に食べてみると、ちょっと魚醤っぽさも感じるような旨味のある味わいでおいしい。これは帰国したら真似っこしよう。そしてミスリレットを思い出そう。

Vendange

葡萄の収穫

夏旅を9月に決めたのはフランスも猛暑だったのが大きな理由だが、ワイン用の葡萄の収穫の時期になるのであわよくば収穫体験を……の野望もあった。たとえ半日のボランティアと言えども、ヴァンダンジュ（収穫）用の労働許可証が必須。万が一労働庁の監査が入ったら、受け入れ先に多大な迷惑をかけてしまう事態になりかねない。色々模索して諦めかけていた矢先、出発直前にサン・テミリオンから近いリュサックのシャトー・サン・フェルディナンにヴァンダンジュのワークショップ（昼食付き！）があることを知り、意気揚々と申し込んだ。

シャトーへはボルドーから電車とタクシー（30ユーロ）で向かう（ここだけの裏話、現地マダムに「タクシーなら90ユーロよ！ 70ユーロで乗っていかない?」と法外な値段でふっかけられたおっかなびっくり事件もあった）。

静かな森の中のシャトー・サン・フェルディナンに到着すると、シャトーの担い手マダムノエミとご家族、スタッフさんが温かく迎えてくれた。葡萄畑にしっかり朝日が差し込む頃、「みなさんプティデジュネ（朝食）よ〜」と参加者一同に声がかかった。参加者はフランス、スイス、タイ、日本（私）の欧州アジアチーム。畑近くに長テーブルが置かれ、大きなクロワッサン、パン・オ・ショコラに各種ドリンクが並び、そして……なんともおいしそうな焼き色のガレットブルトンヌ（ブルターニュの郷土菓子）！ アキテーヌ地方でお目にかかるとは……。こちらはブルターニュ出身のご主人ムッシューユゥエンのお手製。ミルキーなバターの

香りに参加者の手が一気に伸びる。おいしい朝食を頂きながら、ノエミとワインやシャトーの出会い、ビオロジック認可までの道のり（2024年認可予定）、葡萄畑とそのまわりの自然や生物の環境を保持する大切さに、誰もがしっかりと耳を傾けた。ビオロジックの畑回りにはよく蜜蜂の巣箱が置かれるが、ノエミの畑には害虫を食べてくれるコウモリの巣箱も設置されている。

醸造所見学のあとは、いよいよヴァンダンジュ開始！ メルローは収穫済みなので、今日はカベルネフランの畑だ。ノエミが葡萄を見せて説明をする。「細い白い糸のようなものがあるときは、実の奥に小さな虫が潜んでいるのでハサミの刃先でそっと落としてあげてね。この猛暑でレーズンのようになった実も落としてね」。レーズンになった実を見つめた瞳はすごく悲しそうだ。ノエミの指先の爪には葡萄の果汁が染み込んでいる。それはとても素敵な色をしていた。

タイのマダムカエが、「さあサチコ、頑張るわよ！」と優しく頼もしく声を掛けてくれた。カエは大学からの友人たちと毎年集まって旅をするのだという。カエはフランス在住、友人方はタイ、ニューヨークから来たそうだ。お国柄なのか、皆さんとても朗らかで親切で、そしてお喋りだ。耳にさわる声ではない、小鳥がさえずるような、パッとその場が春爛漫になるような声色の会話なのである。意味は分からないけど、聞いているとなんだか楽しくなる。側で作業していたマドモワゼルも驚き、そしていつしか微笑んでいた。

ブルーベリーのような色合いで、完熟になり弾けんばかりの実をいっぱいつけた木の前後に、2人1組で少し腰を屈めながら収穫していく。味見してよいとのことだったので、目を輝かせつまんでみる。皮はしっかりと弾力があり、噛むと口の中でじゅわっと甘い果汁が飛び出す。果肉は滑らかで、ほんのり皮の渋みを感じる。これはぜひドラえもんにビッグライトを借りて巨峰サイズにし

て沢山頬張りたいものだ（ピンポン球では大きすぎる）。葡萄がバケツ一杯になると「ポーター！」と大声をあげる。すると大きな籠を背負ったお兄ちゃんムッシューが現れる。バケツの葡萄を背籠に流し込む。彼も参加者だ。おそらく一番大変な作業だが、楽しそうに一役買ってくれている。

作業中、ノエミはみんなに「サヴァ（大丈夫）？」「この作業楽しいかしら？」と温かな声を掛ける。畑の葡萄の木々もこのようにノエミに声をかけられ、手を施され、大切に育てられてきたんだろうなと感じた。

収穫を終えたら、葡萄から枝が外される様子を見学した。丸裸になった枝は小さな木のようだ。葡萄果汁でほんのり紫色。これをスモークに使用したらおいしいツマミができるのでは……想像したらお腹が空いてきた！「皆さんデジュネ（昼食）ですよ〜」とタイミングがよい。参加者とノエミ、ご家族、参加者が揃って、木陰にあるテラスの大きなテーブルを囲む。本日のメニューは生ハムメロンにトマトモッツァレラ、ポークオシードル（豚肉がシードルでよく煮込まれホロホロ！）、ポムピューレ（マッシュポテト）、地元のフロマージュ（チーズ）にデセールはファーブルトン（もっちりした口当たりのカスタード生地のブルターニュの郷土菓子）！ 乾杯はメルローのペティアン‼ ボルドーでは単一品種でなく複数の品種をブレンドするワインが一般的だ。メルロー100％のしかもペティアンナチュール‼ うっとりするような明るいラズベリー色、フレッシュな甘い香り、ベリーとグレープフルーツを合わせたような味わいで喉ごしもよい。あまりのお

いしさに、日本にいる夫に鼻息荒くラインを送った。これを皮切りに、料理にあわせたシャトー・サン・フェルディナンのヴィンテージボトルが続々と登場した。ベルギーの女性画家が手掛けた動物の銅版画のラベルもすごく素敵だ。ノエミが手掛けるワインは一貫して瑞々しく、爽やかな果実みがある。赤ワインのヴィンテージも渋みはまろやかで繊細。ボルドーでこんなにも個性溢れるワインに出会えるとは思わなかった。

ノエミが「実は先日、ボルドーの献身的なワインの造り手に贈られる特別賞を受賞したの‼ そしてイギリス王室からも注文が入りチャールズ国王も私たちのワインを飲んだの‼」と、頬をメルロー色に染めて教えてくれた。テーブルから続々と「ブラボー‼ ノエミ‼」とまるで家族や友人が賞をとったかのように、誰もが愉悦の笑顔だ。私もうれしくて、益々ワインが進んでしまった……。

テーブルに新たなラベルのないボトルが運ばれてきた。ほんのりくすんだ薔薇の花びらのような可憐な色合いだ。これは先程収穫したカベルネフランのジュース。飲んでいるグラスをくいっと空けようとすると、ノエミは「サチコ、あせらなくていいのよ！」と大笑い。でも私はこの絞りたてが酸化する前に、1秒でも早く飲みたいのだ。照れ笑いしながら注いでもらう。なんともジューシーな清々しさ！ 取りたての完熟した果実の味。これがノエミの手によりどんなワインに生まれ変わるのだろう……。この葡萄ジュースと未来のシャトー・サン・フェルディナンに、大きな期待が膨らむばかりである。

Jurade

ワインの名誉騎士

サン・テミリオンはボルドーワインの名産地だが、名前と町の由来は8世紀にブルターニュ出身の修行僧エミリオンが隠居の為にこの地で洞窟を掘ったことに始まる。彼の死後、弟子たちが聖エミリオンに捧げる教会を、洞窟の石灰岩をくり抜き一枚岩で建てた。スペインまで続くキリスト教巡礼路でもあるため、小さな町の中に数多くの教会、修道院、ホスピスが点在する。巡礼者がこの地のワインを絶賛し伝えたことで名産地と云われるようになった。

毎年100万人ほどの観光客が訪れるため、中世から続く石畳は1年中研磨されることになる。傾斜の強い坂道は氷が張った湖のように足がツルッと滑り、手すりがないと大惨事になってしまうほどだ。幸い夏旅ではキーンのサンダルを履いていたので、1度も転ばず助かった。観光客が少ない町のはしっこ、ブリュネ門の丘からは、静寂の中で中世の町並みを見渡すことができる。まるでアンティーク絵葉書のようだ。

宿泊した翌日は、バン・デ・ヴァンダンジュという葡萄の収穫宣言の儀式、お祭りの日。私がとても楽しみにしていたのは前夜祭だ。毎年ジュラード※の松明行列と王の塔からの打ち上げ花火があると知り、前夜祭に合わせて宿泊を組み込んだ。行列は22時過ぎに始まった。モノリス教会から少し下がった場所で多くの見物客と心待ちにしていると、バグパイプのような音楽が響き渡る。すると、大きなフラッグを空に掲げくるっと回転させるカラーガードの後に、優しい橙色の松明を手にした朱色の装いのジュラードが、ゆっくり幻想的に歩んできた。中世の町、サン・テミリオンが町ごとタイムスリップしたかのようで、目を奪われた。ジュラードが通り過ぎていくと、列に続こうと私も周りの人々も自然と足が動き出す。これでは中世のミステリー、ハーメルンの笛吹き男のようだが、ジュラードは川ではなく王の塔に向かっていく。あまりの混雑だったので引き返し、23時からの花火がよく見えそうな小高い場所に移動した。こちらも多くの見物客で賑わっている。アジア人は私1人、1人で来ている人も見当たらない。内心孤独だが、目が合うと微笑みかけてくれるのがうれしかった。

暗闇に沈んでいた王の塔が、ライトで浮かび上がった。今年は、フランスの歴史をテーマにしたプロジェクションマッピングショー仕立ての花火のようだ。映画「アメリ」のナレーションのような甘くて渋い声で歴史が語られ、色とりどりに染まった塔は幻想的。時に交響曲のようにダイナミックな音楽や鐘の音が響き渡り、宝石のような大輪の花火が次々と打ち上げられる。あまりの迫力に息を飲む。歴史が進み王の塔の壁にフランス革命の年「1789」が映し出されると、フランス国歌“ラ・マルセイエーズ”が流れ、花火が大砲のように飛び出す。かき立てられるように老いも若きも大合唱！ 隣の若き青年たちの輝いた瞳、張り裂けんばかりの歌声。日本ではお目にかかれない光景だ。歌詞は日本人からすると少しおっかなさを感じるが、自由と平等を苦しい中にも求め突き進むまさにフランスらしい国歌で、私は好きだ。サビを一緒に口ずさんでみた。民衆は恍惚となりフランセーズ!! と口々に叫ぶと、時はパリ条約の年「1918」に移る。音楽は スゥイングジャズの名曲、“シング・シング・シング”！ 軽快なリズムに合わせ花火もテンポよく打ち上がる。なんともスペクタクルなショーだった。大衆の心を揺り動かしぐいっと掴むフランスの演出には、いつも感嘆し驚かされる。ホテルに戻りドキドキが収まらぬまま、0時すぎのベッドに潜りこんだ。

※昔はワインの品質管理を取り締まる自治組織、現在はボルドーワインの振興に貢献した人に与えられる騎士称号。

Routier

ルーティエ

フランスの地方を旅するなら、是非とも食べに行きたいのがルーティエ(トラックドライバーの食堂)である。幹線道路沿いにあり、バスが走っていなかったり駅から遠かったり車でないとアクセスが難しい店が多い中、ラ・ピュスはサン・テミリオン駅から歩いて10分ほど。ちょうどヴァンダンジュシーズンともあり、畑からの巨大な運搬車も走りこちらに軽いクラクションを打ち笑顔を見せるムッシューもいるが、日本の比にならないくらい大きなトラックが猛烈な勢いで走ってくるから細心の注意が必要である。

トラック道の緊張と憧れのルーティエで高鳴る胸を落ち着かせ、扉を開けた。中は割りと広く、沢山の客の会話が反響している。テキパキとサーブしている小柄なマダムの視界に入り「ボンジュー！　昼ごはんに来ました！」と声をかけ

ると窓際のテーブルに笑顔で案内してくれた。見渡すと、おっちゃんムッシューたちが大きな手で小さなワイングラスを持ち、勢いよく赤ワインを飲み、おいしそうにテリーヌをつまみながら、楽しそうにおしゃべりをしている。お客さんはムッシューたちだけではない。地元のマダムやファミリー、ツーリストもいるようだ。

黄緑のビニールテーブルクロスには、2枚重ねの白い皿上に青い紙ナフキンが夏の肌掛けのように皿からはみ出し、左右にカトラリー、皿向こうには小さなデザート用のスプーンだろうか。そして小さなワイングラスが置かれている。気取らないこのテーブルセッティングに、益々期待が高まる。先程のマダムが「スープは欲しい? ワインは何がいい?」と尋ねてくれた。この場合のワインは、この店では赤かロゼを指す。ジリジリする日差しを受け唇は切れそうで、ここにたどり着くまで2度走り(幹線道路では走っていない)、喉もカラカラ……まずは水でなくワインで喉を潤したいと、ロゼをお願いした。大きなスーピエール(スープ用の器)、しっかり冷えたロゼのボトルとワイングラス、キャラフドォー(水のボトル)が次々に置かれ、「ボナペティ マドモワゼル! パンはすぐに持ってくるからね!」と笑顔を残し、小柄なマダムはさっそうと去った。「あら! サチさん、マドモワゼルって! やだまた自慢してるの～」と美容番長の親友なんちゃんからそう突っ込まれそうだから説明すると、年配のマダムは中年女性に対してマドモワゼルと呼ぶことがある。マダムから見れば「あなはたまだひよっこよ!」と言うことだ。ボルドーで言われたのとは、ニュアンスが違うのだ。話はそれたが、片言のフランス語を話す私をマダムは温かく歓迎してくれる。またどのテーブルにもひょいひょいとサーブをしながら楽しそうに世間話をする。世話好きで明るい、山口にいる夫の母を思い出した。

細かく刻まれた野菜のスープはフランス家庭を思わせるホッとする優しい味わい。お次はテリーヌ・グラトン・ボルドレ(ボルドー風豚のテリーヌ)! そして、ほぐした鶏のコンフィーが入ったタブレ、パスタサラダの前菜がそれぞれお好きなだけどうぞスタイルでやってくる。タブレはトマトとヴィネガーでさっぱりと、パスタサラダはマヨネーズが濃すぎずどちらも暑い日にぴったり。そしてテリーヌは、豚

の脂たっぷり、口当たりがしっとり柔らかで肉々しい。ニンニクが少し利き塩みもまろやか、スッキリちょいコクのロゼワインにもぴったり合う！ テリーヌをたっぷりバゲットに広げパクッと食いつき、おっちゃんムッシューのようにグビッとワインを飲む。周りのテーブルの話し声や厨房からの調理音、私はサン・テミリオンのルーティエにいる。紛れもなく！ 実感が湧きニヤニヤしていると、こちらをこれまたニヤニヤ楽しそうに見ている視線を感じた。向かい側のおっちゃんムッシューたちだ。私が、メモしたり撮影したり、時折ほくそ笑む姿が珍しく面白いのだろう。目が合うとすぐに話しかけてきた。1人のムッシューは、近くのシャトーの人だった。よかったらおいでよと、ノートにスペルを書いてくれた。私は冗談で「ヴァンダンジュのお手伝いしますよ〜」と言うと、「もう終わっちゃったんだよ〜」と、私は「ではもうバカンスですね！（笑）」（これも冗談、実際には収穫後も大変）と返すと、ワハハハッと陽気に笑い、「こちらのテーブルにおいでよ！」と誘ってくれた。これは絶対に楽しくなること間違いないのだが、ワインもどんと進んでしまいそうだ……。今日は夕方にはボルドーに帰らないといけないので、「メルシー！ またの機会に！」と自席についた。

そうこうしている内にやって来た！ メインで選んだロティ・ド・ヴォー（仔牛のオーブン焼き）だ。また可愛らしい皿だこと。付け合わせはポムフリッツ！ 肉にナイフを入れるとスッと切れる、絶妙な火加減。成牛のように脂っこく力強くない繊細な肉の旨味。焼き汁は凝縮されコク深いソースに。フリッツの塩加減もよい。スープからメインにかけて塩度がじわじわと増していく素晴らしさよ!!

マダムに「セ トロ ボン（おいしすぎます〜）!! 」と伝えると、サーブ籠に残っていた1つのバゲットを私の皿横にポンとおき、「おまけよ！ しっかり食べなさい」と笑った。山口の母の、「あれ食べんさい、これも食べんさい」のデジャブのようだ。やんちゃではあるが、肉にソースを染み込ませたフリッツをのせて口に放り込む。お母さん、セ トロ ボン×2です !! そして娘はイル・フロッタント（カスタードソースメレンゲ）のデセール、カフェまでしっかり堪能した。サン・テミリオンの母が懐かしい。また会いに行けることを願って。

Jambon de Bayonne

バイヨンヌ生ハム

サン・テ・ミリオンからTERでフランスとスペインの独自の文化が継承されるバイヨンヌに到着。彩色豊かなコロンバージュは長年の強い日差しで色あせ、旧市街沿いのニーヴ川は淀み、路地は閑散と寂しい。でも人々は明るくのんびり。中背で目や髪の色は褐色をおび日焼け肌でスペインに近いことを感じる。

バスクでは大好きな岩塩セル・ド・サリス・ド・ベアルヌを使用した生ハムが作られる。ピレネー山脈の地下の海水の塩分10倍の湧き水を使用した塩で、甘みもミネラルも豊富。期待高まり生ハム工房ピエール・イバイアルドへ。店内はもわ～んと生ハムアロマ、豚骨ほどではないが食欲をそそる。快活なマドモワゼルからバイヨンヌ生ハムといわれる所以（ベアルヌの塩を使用、半年以上の熟成期間、豚の生産地、放し飼いなどの厳しい基準）を伺った。天井の特大生ハムは圧巻。適温湿度の熟成室で岩塩を手で丁寧に馴染ませ、エスプレット（バスク唐辛子）などのスパイス、ヴィネガーなどを塗し寝かせこれを洗い同じ行程を重ね熟成させる。マドモワゼルがこの仕事に熱い誇りを持つのも納得、試食した生ハムは柔らかでアミノ酸の旨みが凝縮し絶妙なおいしさ!! 試食で気に入った鴨のパテ缶とバスク料理アショア※の瓶詰めも購入。フランスの地方も最近はパリと変わらず伝統料理の店は少ないので、名店で出会えうれしい。コルシカでのつまみにと思ったパテ缶だが、トゥールーズの空港で没収。30gオーバー。隣の人のチョコトリュフは軽い注意で終わっていたのに……。

※仔牛や子羊のミンチ肉を唐辛子、ニンニク、玉ねぎ、白ワインなどと煮込む。ジャガイモや米と一緒に食べる。

Petit-déjeuner

旅の朝食

バイヨンヌで他ならぬおいしさだったのが牛乳である。軽〜い生クリームのようなミルキーな甘みで、起きたての中学生の様にごくごく飲めてしまう。残った牛乳や卵を消費するため、その土地の最終日の朝食にスクランブルエッグをよく作る。フランスの卵は自然な黄身の色で臭みもなくおいしい。強火にさっとかけ余熱で混ぜ合わせると優しい色のスクランブルエッグが出来上がる。バターやオイルは入れず塩のみだが、ホテルのメインダイニングですか⁉ と自画自賛するほどおいしく滑らかクリーミーに仕上がり、バスク牛乳の底力を感じた。

朝7時に散歩も兼ねてブーランジュリー、オ・ガトー・バスク・ド・バイヨンヌへ。町は静かで星が輝き、アドゥール川の橋から遠くの赤と青の灯りが川に溶け出していた。お目当てのガトーバスク[※1]はまだ焼けていなかったが、十字形のクロワーバスク[※2]が目に入った。マダムに尋ねると、パン・オ・レザンの生地で中にチョコが入っているとのこと。マダムのおおらかな雰囲気でこの店はおいしいと確信したが、大正解であった。パリッと焼けた生地はバターがたっぷり、中はふっくらし上にかかる砂糖とチョコの甘さのバランスもよく、チョコが溶けて少し焦げたところもほろ苦でおいしい。フランスでよく「あるある」なのが、店では小さく見えるのに実際皿にのせると大きいことだ。このパンもまさしくそれだったが、カフェオレに浸したら更なるほろ苦が加わり、ペロッと完食してしまった。

バスクはガトーバスクも有名だ。留学時にパリ・ル・コルドン・ブルーで習った

※1 バスク地方の郷土菓子。円盤状の厚みのあるアーモンド風味のクッキー生地にチェリージャムなどを挟んで焼いたもの。　※2 バスクの曲線状の十字。

覚えがある程度。ガトーバスク愛は芽生えず今日まで来たのだが、せっかく地元に来たならばと、食べきれる分だけをいくつか購入した。すると意外にも私の心に火がついた。町のパン屋やサンジャンドリュズの有名店が私好みであった。ラ・プティトゥ・バイヨネーズのガトーバスクは、伝統的なチェリージャム入りを選んだ。ガレットブルトンヌのようにボリューミーだが、それよりはバターが少なめ。でもバスク乳牛のおいしさが伝わってくる。外生地はざっくりした歯応えだが中はしっとりとしていて、アーモンドパウダーの風味も良い。ジャムは甘酸っぱくねっちり、焼成中に吹き出したところはカラメリゼされていて、これまたおいしいのである。

バイヨンヌは17世紀にスペインからカカオ豆が伝わりフランスで初めてチョコレート工場ができた地でもある。1854年創業当時と変わらぬレシピのショコラムス（泡だてられたホットココア）が名物のカズナーブで朝食をとった。開店直後の静かな店内で厨房からシャカシャカと泡立て器の音が響いていた。ショコラムスのみ注文をと思ったが、メニューに「一緒にスペシャリテのシャンティートースト（トーストの生クリーム添え）を」とあれば、セットにする選択しかない。クラシックな銀トレーにのせられた小花柄のポットとカップが愛らしい。スプーンで泡をひとすくいし、そっと口に入れる。カカオのビターなコクとふわふわな口当たりが楽しくおいしい泡だ。バターが染みたトーストをショコラムスにさっと潜らせ生クリームをのせる。端っこカリカリからのジュワー‼ なるほどこれはチョコ味のパンペルデュー（フレンチトースト）の生クリーム添えだ！ ショコラムスはドロッと濃厚ではないからくどさもなく、やみつきになるおいしさだ。ショコラムスには必ずシャンティートーストも併せてご注文あそばせ。170年間人々の心を掴み続けるショコラムスとスペシャリテのシャンティートーストの組み合わせは、ただ者ではないのだ。

La Rhune リューヌ山へ遠足

サン・ジャン・ド・リュズからサール行きのバスに。バスもバスクカラー。

近くのマルシェが開いていたら、レモン味のガトーバスクをおやつに。

ラ・リューヌ駅は1924年に開業。天候が悪いと列車は運行しないので注意。

クラシックな列車は雰囲気たっぷり。向かい合わせの席でトゥーロンのご夫婦に出会う。

車窓からは半野生のポチョックが気持ちよく山を駆けていく。

列車は傾斜高く進んでいく。壮大な眺め!!

4.2km先の山頂に到着!! ここはフランス!

山頂のオベリスクにはナポレオン3世の皇后の名も……。

標高905mの山頂からはピレネーの山々やバスク湾を眺めて。

TVで見たお目当ての山小屋風カフェはスペインに！

スペイン語の標識。ナバラ州ベラ・デ・ビダソア終点標高905m。

フランス語とスペイン語！ ピンチョス!!

フルーティーな自家製サングリアでリューヌ山頂乾杯!!

おすすめのクリームコロッケにオムレツピンチョス!! ゴショア!!（バスク語でおいしい）

ご当地土産、ホーローマグならリュックでも平気。

会いたかったポチョック!! ポニーの一種、バスク語で小さい馬の意。

サン・ジャン・ド・リュズに戻り海を眺めラ・ヴィエイユ・オーベルジュで昼食!!

ブイヤベースバスク風！ トマトとパプリカとフェンネルが利いている!!

Poulet à la basquaise

若鶏のバスク風煮込み

この旅で少し戸惑ったのは、地方では月、火曜日と飲食店の休みが多いことだ。これは秋旅でもしかりで、ある店主は「今は土日働くからね、月火休みは当然のことさ（笑）」と……。バイヨンヌの旧市街も月曜に営業する店は稀で、なかなか良い感じのバスク料理店が見つからない。正午に入るとサングラスなしでは目が痛くなるほど焼けつくような日差しの中、ニーヴ河沿いでバスクカラー※の1つでもある真っ赤なオーニングの店、シェ・チョッツが目に入った。屋根付きのテラスは賑わっている。一刻も早く日を遮りたいと小走りで入店した。

河側の席に座ったが、いかんせんボルドーのガロンヌ河同様によどんだ茶色の水に目が慣れない。これは海水と淡水が混じりあうからだと聞き、もしこれが温泉なら名湯の泉質かも！ と暑い中熱いことを想像してしまった。湯上がりからの一杯、もといバイヨンヌでの初グラスワインはバスクのイレルギーで造られたものを注文した。冷えた白（ワイン）をスルスルッと飲みたいが、日に焼けたバスクムッシューに「ごめんね、赤しかないんだ。でもプレ（若鶏肉）によく合うと思うよ！」とニコッと微笑まれたのだから、喜んで応じようでないか。そう、メ

※バスク人の赤、樹木の緑、キリスト教信仰の白からなる。

インは若鶏のバスク風を選んだ。一見鶏のラタトゥイユ煮込みにも見える。ムッシューも、「ラタトゥイユバスクだよ」と言っていた（分かりやすく説明する為だと思うが）。何が違うのか尋ねてみると、トマトは多くなく、茄子もズッキーニもハーブも入らない。バスク産のトマト、玉ねぎ、パプリカ、ピーマン、ニンニク、白ワインなどと煮込むそうだ。ひと口食べてみると、トマトの酸味はなくまろやか。玉ねぎとパプリカの甘み、ピーマンの軽い苦み、各野菜とバスク名産の鶏肉の旨みの優しいアンサンブルで、とてもおいしい。優しいハーモニーを壊すことなく、ニンニクと塩は穏やかだ。最後にスパイスのパプリカがふわっと口に広がる。まさに豊かな大地、バスクを味わえる。赤のイレルギーはバスク特産のブラックチェリーのような深い色合いで、渋いかなと思ったら滑らか。ほのかな甘みで濃すぎず、ムッシューのお勧めどおりメインとよく合うこと！ もし渋みがどんときていたら、料理と一緒に味わうとどちらの個性も半減だ。まさにテロワール!!

満たされてくると、他のお客さんが何を注文しているかが気になってくる（笑）。地元風の50〜60代の人が多い。ちょっと遠目で見渡すと、大きなステーキをシェアしているテーブルが多い。アルコールの注文は少なそう。意外！ へぇ〜っと感心したら、ふと私も同じように遠目で見られているのかもと思った。暑さでぐたっとだれた背中を、まるで日本代表ですよと宣言でもするようにさっと伸ばしたら、左手のフォークで肉をぎゅっと刺し、右手のナイフを少し傾斜をつけながら削ぐように骨に沿って身を外した。鍛練を積んだ外科医のように手際よく……（日本人は食べ方が下手だと思われたくない）。幸い、煮込み鶏だからホロホロだ。心配は全くノンプロブレム（問題なし）！ 問題なのはワインの残りが2口程度ということだ！ 前菜の海老のパセリソース焼きの海老が新鮮で甘くて香ばしく、ニンニクもほどよく利いて、エビ県民（愛知）もニッコリ。ついワインが進んでしまったのである……。

Sanctuaire de Lourdes

ルルドの聖域

ピレネー山麓の小さな町ルルドには、世界中から毎年500万人の信者が訪れるカトリック教派最大の巡礼地がある。ルルド駅を降り立つと、バイヨンヌよりひときわ強い山の日差しを浴びた。歩いて15分ほどで、ホテルやルルドの泉の水を持ち帰るボトルなどを揃える土産物屋、宗教関連のものを扱う店が立ち並ぶエリアに到着する。そこから5分ほど進み、ポー川にかかる橋を渡ると聖域だ。澄んだ青い空にそびえ立つロザリオ聖堂はシンデレラ城のように美しい。ボランティアさんと一緒の車椅子の信者さん、支えられながら歩みを進める信者さん、おそらく巡礼ツアーであろう団体さん、多くの人々が祈りを捧げに来ていた。ベルナデット（後の聖女）が聖母マリアのお告げを受けた洞窟の泉では、水が染みだした岩肌の壁に人々が手のひらを静かに深く合わせていた。

日がまだ完全に沈みきらない夜9時に、小さな炎のキャンドルを手に持ち多くの人が列をなして行った。ここでは苦しみを思いやりで分かち合うように、隣の人からキャンドルの火を受け継ぎまた隣の人につないでいく。1つ1つのキャンドルに火が点り聖域が黄金色に灯されていく様子を、私は階段を上がり聖堂のテラスの後方から静かに見守った。

Cave à vin

フランス式角打ち

ピレネー博物館帰りの坂道で、店先にずらっと並ぶサラミや大きなチーズで楽しそうにアペロするムッシュー、マダムたちが目に入った。「ボンジュー！ メッシュダム※」と挨拶すると口々に軽やかな挨拶がかえってきた。誰が店主だろうか……戸惑っていると人懐っこい笑顔のお兄ちゃんムッシュー、マキシムが店内を案内してくれた。ラ・カーブ・ド・メルジーヌは小さな店だが、地元のワイン、コニャック、菓子、地域動物のぬいぐるみまでが綺麗に陳列されている。アペロをと伝えると、「白、赤？ 甘口、辛口？」と訊いてくれた。白の辛口でと伝えると「フルーティーなのは好き？」大きく頷くとボトルを取り出しグラスに少し注いで、「これ試してみて！ 好みじゃないなら違うの出すよ！」と、なんとも親切だ。爽やかな香り、口に含むと少しキリッとしつつフレッシュな果実感！「これでぜひ！」とニッコリ。この近くの生産者さんのガスゴーニュワインだ。野生ニンニクの入ったとびきりおいしくて肉々しいサラミ、コクと甘みが詰まった地元の羊のチーズ、ブルビの盛り合わせと楽しいお喋りで軒先でグラス4杯進んだ。マキシムとベルギーのご夫婦とマキシムのご両親の温かな人情にも触れ、なんとも幸せな長居になったこと（近所なら常連になる）！ マキシムと皆さんに深々とお礼を伝え、2軒目酒場に行ったことはまたいつか……。

※ ムッシュー、マダムがそれぞれ複数の場合。

Gigot d'agneau de l'Ariège

アリエージュの子羊

トゥールーズは薔薇色の町と呼ばれる。フランスでは珍しいテラコッタ煉瓦を積み上げた赤褐色の建物が多く、そこに夕日が当たると薔薇色に輝くそうだ。この眺めを楽しみにしていたが、滞在時は生憎小雨が続いた。そして時はラグビーワールドカップ開催期間！ キャピタル広場もテントで埋め尽くされ、警備が理由で楽しみにしていた市庁舎の広間のフレスコ画見学も叶わずであった。この落胆を慰めてくれるのはおいしいものしかない！ と、広場から近いビクトル・ユーゴー市場のメゾン・ロゥシュベムへ。美食の町のトゥールーズっ子の胃袋を掴んでいるだけあり、市場は活気を帯びている。ぐるぐるトグロを巻くトゥールーズソーセージも立派なこと！ お腹が一気に空いてきた。頭のなかはグーグルで見たおいしそうなカスレで一杯だ。テラス席につき、メニューも見ず開口一番カスレを注文した。

お髭のダンディームッシューの、「うちはね、この地域の牛、豚、鴨、羊の肉を炭火焼きで出す店なんだよ。おいしいよ!!」の言葉に、おっと！ オーナーが変わったんだ……と一瞬たじろいだが、「では結構です」なんて野暮なことは言わない。ムッシューの口ぶりから、いい予感がするのだ。落ち着きを取り戻しメニューを見た。あっ！ 子羊がある!! 南西部は鴨がメジャーだが、羊を忘れてはいけない。オクシタニー地方の有名なロックフォールチーズは、羊のミルクではないか。アリエージュ産のジゴダニョー（子羊のモモ肉）とそれに合うグラスワインをお願いした。

シックなグラスで運ばれてきたのは南西部のカオール。カオールは渋みがあると思っていたが、穏やかだ。ベリーと黒胡椒を感じる、エレガントでやや辛口の味わい。あとは子羊を待つばかり（赤ずきんの狼だ）！ おいしそうな匂いと共にぶち焼けの子羊がやって来た。驚きながらナイフを入れると、薔薇色の断面！ プルンと弾力があり、子羊とは思えぬ芳醇な肉の旨み。ピレネーの青々とした牧草はおいしいのだろう。臭みも全くなく脂の甘みも全体に回っていて、表面はカリッと焼け驚愕のおいしさだ!! にじみ出た脂に炎が回りガツンと焼け旨みを閉じ込める、これぞ炭火焼きの威力だ。想像通り、子羊からのカオールはさらにコクが深まり間違いなし。憎いね、ムッシュー！ 気がつけば満席でムッシューは大忙し。恍惚状態で肉を食べ、ワインを飲む私の頬はきっと薔薇色だったに違いない。

Salon de thè

サロンドテ

トゥールーズはボルドーぐらい大きな町だが、雰囲気は全く違う。旧市街の建物はすっきり上品で、まるでロンドンの赤煉瓦の街角のよう。人々は端正な顔立ち、細身で背は低め。マダムはコンサバ風の綺麗な身なりだ。土地により変わるものだと興味深い。特産のスミレやパステル※の店でスミレ菓子や香水を楽しんだり、乾燥熱波でガサガサの肌にお勧めは何かとマダムに訊いてパステルクリームを買ったり、オーギュスタン美術館で大好きなガーゴイルのまぬけで可愛い表情をまじまじと見つめたりと、女子散歩を楽しんだ。ボルドーと繋がるガロンヌ河のほど近く、静かな小路に素敵なマダムボヴァリーを見つけた。店内は様々なアンティークテーブルや椅子が置かれ、素敵な装飾を施した本棚には沢山の本が並ぶ（店名は小説『ボヴァリー夫人』から）。一人読書をしたり、小声でおしゃべりを楽しんだりと居心地よさそうだ。挨拶をして席につくと黒淵眼鏡にサロペットのチャーミングなマダムオーレリーが笑顔で迎えてくれた。キャラメルの中にスミレがふわっと香る紅茶をロココ調のポットとカップで楽しむ。ふわふわメレンゲのレモンタルトは甘酸っぱく、しっかり焼かれたタルト生地はシナモンなどスパイスが効き絶品だ。教会から響く鐘の音も心地よい。旅の折り返し地点、異国で疲れた時こそ女性好みのサロンドテに身を置くのは良いかもしれない。

※ アブラナ科の植物から抽出される青い染料。16世紀、トゥルーズではパステル染色産業が発展した。

Petit-dejeuner d' Occitanie

オクシタニー朝食

滞在アパートの近くにサン・シィプリアン市場があった。毛が処理された頭つきの鵞鳥には驚くが、小さいながらも良質な店が多い。気になっていた緑の唐辛子！「小さいのは辛くて大きいのは控えめな辛さ、焼いても生でサラダに入れてもおいしいよ！」と八百屋のムッシュー。「1本ください。トマトに黄色のプルーンにじゃがいもも」子どものお使いみたいな買い方でも嫌な顔はせず、「ボンヌジョフネ（よい1日を）！」と言ってくれる。ブーランジュリーに寄りショコラティン[※1]などを買い、アパートの共同テラスで我流オクシタニー朝食！ 鴨のコンフィー[※2]の脂で焼いた目玉焼きには唐辛子を散らした。バゲットに生ハムと黄身を絡めてパクリ！ 唐辛子の穏やかな辛味がよいアクセント。「ボナペティ〜！」とバゲットを脇に挟んだ隣人ムッシューが、通りすがりに声をかけてくれご近所気分も味わえた。夜は、メゾンサマランで買ったオクシタニー料理、鴨のコンフィーを焼く。じゃがいもと残りの唐辛子にも脂を絡めて一緒にオーブンへ。鴨の皮はパリパリで肉はしっとりほぐれ、噛むと脂がじゅわーっと染みだす。力強い旨みだ。バイヨンヌの瓶詰め仔牛のアショアワも絶品だった。どちらも上質な食材の旨みを損ねる事なく、余分な物は入れず、伝統にそった調理を重んじているのがよく解る。

※1 この辺りのパン・オ・ショコラの名称　※2 低温度の脂で煮込み保存性を高める調理

Ile de beaute Corse

美しい島、コルス

未明の星が輝くトゥールーズからボロテア航空に乗り、地中海に浮かぶ美の島、コルスの西のアジャクシオに正午前に到着した。バスの遅延やスペイン語でのチェックイン（アプリ）に四苦八苦し搭乗後どっと疲れが出たが、機内の窓から大きな海と起伏に富む断崖絶壁が見えると胸が高鳴った。

コルスの人々は閉鎖的で寡黙だと本で目にしたが、空港タクシーのムッシューは車中で大きな声で陽気に話しかけてくる。まるでリュック・ベッソン監督の映画「タクシー」の主役、ダニエルのように滑舌だ。コルス独特の発音もあるが、イタリア語の様に母音をしっかり発音するのでなんとかわかる。私も負けじと腹から声を出し相づちを打った。

アパートの裏口を出るとビーチは目の前。荷物を置くとすぐにビーチ沿いを歩き、中心街へ向かった。遊歩道には椰子の木と島の花が咲き誇り、遠くにアジャクシオの山々の雄大な眺め、青い空には横に広がる大きなわた雲が浮かび、海は澄んだターコイズブルーで太陽光が反射してキラキラしている。コルスまで来たんだという実感がしっかり湧いた。遊歩道を歩くマダム達の綺麗なブロンズの肌と言ったら！　今までブロンズの肌色がピンとこなかった

が、白い肌がしっかり焼けると微かに赤の入った美しい褐色になるのだ。道なりに進み少し左手に折れると、温かな黄土色の大聖堂サンタ・マリア・アッスンタが目に入った。ここはナポレオンが洗礼を受けた教会。素朴な外観とは打って変わって、バロック様式の礼拝堂はガラスのシャンデリアが輝き、金の装飾が壁から天井にまで施されているが、派手派手しさは感じず温かくて心が落ち着く。優しい顔のキリストやマリア像に美しいフレスコ画、献花は生き生きとしていて島民にとって大切な信仰の場とされていることがよく伺える。聖堂の程近くにナポレオンの生家がある。彼はここでは長く暮らしてはいないが、アジャクシオではかけがえのない「英雄ナポレオン」だ。言わばアジャクシオの関所でもある。しっかりと見学を済ませてからコルス上陸祝杯をせねば。

港に停泊した沢山の漁船が見渡せるテラスを見つけた。コルス焼けのダンディーなムッシューが○○でなら1杯でもいいよと言う。○○って?? ムッシューが片付けで店内からテラスに戻ってもまだ私が考えているので、ニカッと笑いテラスに手招きをし、あの樽だよ！と指を差す。なるほど、トノーだ！ ぜひに！漁船を見ながらワイン樽で一杯なんて素敵だ。ダンディームッシューが選んでくれた白ワインは、コルスワインのカサノヴァブラン。すっきりとしてきりっと辛口、ライムやレモンを感じるフレッシュな味わい。魚介によく合いそうだ。葡萄は海に近い場所で育つらしい。まさしく漁港のワインだ！ 4日間のアジャクシオの暮らしにはぴったりの幕開けとなった。

Jambon de Corse

コルスの生ハム

アジャクシオで常連になるべき3つの名店に出会った。その内の1つは美食家のアパートオーナーさんのお勧めデリカテッセン、メゾン・フェレロ。確かな商品知識を持つスタッフのムッシューローランとマダムサンドリンは、にこやかで温かく親切。通りすがりの気軽な挨拶も心地よく、すぐに2人を好きになった。店内は国内商品はもとより、コルス生産のあらゆる食品、調味料、飲料がずらっと美しくディスプレイされており、「コルスのマイ伊勢丹」と名付けた。どの品も魅惑的で何を手にすればよいか迷うほどだが、その夜はアパートでコルス名産の生ハム晩酌と決めていたので、2人にチョイスを委ねた。2人は楽しげに組み合わせを選び、ごく少量なのに種類別に包み、あとから解るように名前も書き入れてくれた。赤ワインの好みが私と似ているサンドリンが選んでくれた地元のワインと、アジャクシオで行くべき場所を書いてくれた紙も、生ハムと一緒に大事にアパートに持ち帰った。

キッチンで生ハムの包みを開けた瞬間、歓喜した。なんと美しい深紅の生ハムたち！ 皿に移す時間も惜しい、早く食べたい！ 小学生の頃の夏休みの押し花の自由研究よろしく、1枚の包みに崩さぬようそっと生ハムを移し、名前も加えた。このまま額にいれ自宅に飾りたい（笑）。包み紙がぺたんと貼り付かないよう慎重にサーフボードが飾られたリビングのテーブルに運び、遠くのカモメの鳴き声に耳を傾けながら、クロ・ダルゼットのコルクを抜いた。グラスに注ぐと綺麗なルビー色。私の好み通り、フルーティーな甘みは控えめで、軽やかな渋みや力強さ、ほんのり木の香りの中に黒無花果を感じる。無花果なら生ハムにはぴったりだ。生ハムはとても薄いのにこの存在感たるや。どれもしっとりとしてコク深く旨い!! 生ハムを食べたあとのワインの果実みが増すことよ……！ 生ハムの特徴としては、ジャンボンは脂身がねっちりで塩気も強い、ソーシソン（サラミ）はナツメグなどスパイス豊かな香りが広がる。ロンツはフィレ部分で外側がじゃりっとアミノ酸と塩が利きホットな辛さもある、コッパは肩ロース部分でとてもまろやかだ。コルスの標高1400mの山岳でどんぐりや栗を食べ、半放牧で豚は育つという。コルスの豊かな山の幸を、口の中で持て余す事なく堪能し、私の自由研究生ハム標本図鑑は瞬く間に真っ白になってしまった。

FAMILLE ALBERTINI
CLOS D'ALZETO
AJACCIO
SAUCISSON
LONZU

Coucher de soleil

黄昏

コルスで一番の贅沢は、アパート前のビーチで美しい朝日と夕日を眺め、まったりしたり、ぼーっと思いにふけることだ。朝6時、漆黒の海がじわじわと空と共に藍色に染まり、東の果てから日が登ると金色(こんじき)の輝きで波を優しく照らす。神秘的なこの光景はきっとこの先も思い出すだろう。毎朝1時間、じゃり石のビーチで閑寂な時に浸るのだが、夕暮れは違う。何が違うのかと言うと、酒とアテのお供がいる。お洒落に言えばコルスサンセットピクニック！ とラインで友人に自慢できるかもしれないが、柿の種梅味も忍ばせているので見栄は張らないでおこう。

19時前、そろそろかなとソワソワしながら、アパート住人専用裏口から徒歩0分のビーチへ。長い海の右側から淡いブルーグレー色の空が、ほのかなオレンジピンクの薔薇色に染まってきた。昼間とは打って変わり、ビーチにいるのは薄明かりで読書をする人、愛犬の散歩をする人ぐらいで、とても静かだ。夏旅のよき相棒、ロゴスの携帯ワイングラスにコルスワインを注ぎ、市場で買ったオリーブやら葡萄やらをつまむ。朝と同じで波音だけが響き渡る。出発前に地図で見たコルス、私は遠くまでやって来たなぁ。白い半月が顔を覗かせてきた。夕暮れは最後の輝きを放ち波が染まっていく。最高だ!! 日は沈み月明かりが灯される。思わず聖子ちゃんの“秘密の花園”を口ずさんだ。

Randonnee コルスでランドネ

ザングレの森からトレイルスタート。1ℓの水、食べ物必須！

なかなかの非日常感！ 気分は冒険家!!

山には様々なサボテンが自生。転ばないよう気をつけて。

キーンのサンダルの底力よ……。気分は修行僧!!

見晴らしはご覧の通り!!

こっちだよ!! と沢山のトカゲたちの道案内。

3時間半で目標にしていたサンギネール島を見渡せるゴールに!!

下山をして空を見上げると……!! あの山の尾根を歩いていたなんて！

ご褒美はグラシエ・ネリーのアイス！ 最高にご機嫌なおいしさ!!

Cannelloni de poisson

魚のカネロニ

アジャクシオでも、できることなら地元の人に愛されている店のごはんを食べてみたい。旧市街ではこれという店が見当たらず、20分歩いてアパート近くまで戻ると小さなテラスが賑わっていた。年配の地元感あるマダム、ムッシュー達がおいしそうに昼食をとっている。奥ではおばあちゃまマダムが片手でタバコを持ちビールを飲んでいるが、佇まいは上品で格好いい。店の名はレストラン・コテ・ブルーバード（ブルーバード通りのレストラン）。観光地っぽくないのも良い。テラスに案内してくれたのは、胸元の開いた紺シャツからネックレスをのぞかせ、耳にはピアス、腕には格好いいタトゥーが入ったちょい悪おやじ風ムッシュー。2日目にして、ここではフランスとイタリアの文化、風土が融合していることを実感した。ムッシューもどことなくイタリアの風情を感じる。まずは生ビールを注文。喉の乾きが伝わったのか、ムッシューはさっとご当地ビール、ピエトラを持ってきてくれた。ブロンドエールで、モルト、コルス特産の栗の粉、ホップがバランスよく、芳醇な甘みの中にわずかな苦みが効いていて、喉も一気に潤された。

ちょい悪ムッシューは私を含めどのテーブルにも気を配り、陽気なユーモアを交え常連さんの人気者だ。「ボナペティ〜、マダ〜ム！（マダ〜ムの発音にイタリアっぽい色気を感じる）」本日の私の昼食、カネロニ・ド・ポワソン・ソースクルスタッセ（魚のカネロニ甲殻類ソース）が運ばれてきた。でっぷりと大きなカネロニ。食べるのは初めてだ。イタリア料理だが、コルスでは立派な郷土料理。港町アジャクシオらしく具材は肉ではなく魚介なのが良い。表面カリカリ、中熱々を火傷しそうになりながら口に頬張ると、テラスからは見えないはずのすぐそばの海が目の前に飛び込んできた。ムッシューに中身は何か尋ねたら「フリュイ・ド・メール（海の幸）※だよ！」と言う。私が鯖やムール？ と問い直すと、「鯖、ムール、鱈、蟹だよ！ おいしいだろ⁉」と。まさにコルスの海が詰まっている。モチっとした生地の間にはあふれんばかりの魚介がざくざく挟まれていて、滋味深い魚介のエキスが濃厚でおいしいったらありゃしない‼ ピエトラもよく合うこと！ ムッシューに「シューペール（最高）‼」と伝えると、料理したのが自分のことのように満足げな笑顔だ。サラダもシャキっと新鮮でニンニク風味のドレッシングが効いておいしいではないか。私のいつもの1.5人前はあったが、皿に残ったソースもバゲットに染み込ませおいしく平らげた。私の食いっぷりにムッシューは気を利かせデセールをすぐ尋ねてくれたが、お腹ははち切れそう。「カネロニがおいしすぎて完食したのでお腹のすき間はもうないの、ごめんなさい！」と伝えると、「全然！ 残してデセール食べてくれるより、こうして綺麗に完食してくれた方が何倍もうれしいよ！」と。食後のコルスのデカ（ノンカフェインコーヒー）も美味であった。会計のために店内に入ると、「あのマダムがボリュームたっぷりのカネロニを綺麗に平らげた日本人か」と厨房からシェフムッシューたちが顔を覗かせる。親指をくいっと立ててグッドポーズを送ると、ちょい悪ムッシューとシェフムッシューたちも陽気に親指をくいっと返してくれた。あ〜常連になりたい‼

※ 直訳は海の果物。貝、甲殻類の盛り合わせをさすが、海の幸の意として使用する時もある。

Nepita et Menthe

ネピタとミント

最終日の朝はメゾン・ガレアニの、ふわふわで甘じょっぱい絶品ブロッチェ[※1]のベニエを頬張ってから、アジャクシオ市場へ。開店直後はコルス時間でどこものんびりだ。2日前に来た時は魚が少なかったので、コルスのレモンと呼ばれるセドラを買って帰った（レモンと一緒に煮たら爽やかなマーマレードになった）が、今朝はピチピチ新鮮なコルスの魚がいっぱいだ。その中で名前の通り真っ赤なルジェ（フランス語の赤＝ルージュからきている）という名のヒメジを見つけた。威勢の良い江戸っ子っぽいムッシューにどう食べるのか尋ねたら、「塩をちょっと振ってオーブンに入れるだけさ！ ルジェはコルス自慢の魚でこれだけで十分に旨いんだよ！」と。これはおいしそうと、茹で海老と一緒にお願いしたら、さっと鱗と内臓の処理をしてくれた。強い日差しから一刻も早く逃げるように、小走りでアパートの冷蔵庫に入れて、メゾン・フェレロの2人にワインを選んでもらいに行こう。旅立つことと、ありがとうも伝えなきゃね。ムッシューネリーのアイスも食べ納めだ。あの優しい笑顔を見たら明日で帰るなんて、涙が出るから絶対言えない。旅には別れは付きものだ。最終日は地元の暮らしの様に静かに過ごそう。大好きになった人たちに会い、地の物を食べ飲み、小魚も泳ぐビーチで波打ち際に足を突っ込み昼寝をして、夜のビーチを散歩する……この1日をどう過ごしたいのか、自分の中ではっきりした。ローランにヒメジを買ったと言うとコルスのネピタ[※2]をお勧めされた。残念ながらサンドリ

ンはいない。コルスの白ワインから、トントン（叔父さん）と書かれたフランスムッシューのラベルが可愛いボトルを選んだ。叔父さんワインなら辛口であろう。アパートに帰り白無花果サラダを作り、茹で海老をニンニクバターとライムを効かせ、焼く。香ばしい匂いに早々にトントンで一杯しヒメジを焼く。海老を焼いたフライパンにバターを足し塩を振ったヒメジをのせ、両面を焼いてからトントンを少々振りネピタを散らし蒸し焼きに。皿にのせ、コルス特産の香り高いミントを散りばめた。温かいうちに食べよう！ 思い付きの味付けではあったが、白ワインニンニクバターのヒメジに、エキゾチックなネピタと爽やかなミントが上手くはまり、おいしい!! 身はふっくら、新鮮で身離れもよい。キリッと辛口ボディー、コルス叔父さんのワインもよく合う。コルスをいっぱい詰めこんだご馳走昼ごはん。足りないのはデセール！ ムッシューネリーのアイスを食べに行こう。

※1 コルスの羊、山羊乳で作られたフレッシュチーズ。
※2 コルス、固有のシソ科ハーブ、ミントやオレガノに近い芳香がある。

12h09 Chartres
12h11 Bordeaux Saint-Jean
Bordeaux Saint-Jean
12h11 Hendaye
12h15 Nantes
12h19 La Rochelle
12h27 Poitiers
12h27 Tours
Départs Grandes Lignes
Toulouse Matabiau
12h47 Quimper
12h59 Rennes
12h59 Brest
13h06 Le Mans
13h32 Nantes
13h39 Bordeaux Saint-Jean
Granville
Départs Grandes Lignes
RÉGION
Nouvelle-
Aquitaine
Terrine du
Berger
Brocciu A.O.P. et Menthe
100g
Antona
le Petit Basque
YAOURT DE
BREBIS
VANILLE

M
PATTE D'OIE
A
Garbure
Cassoulet
0122
ST ÉMILION 2
église monolithe
9è - 12è siècles
cloître des cordeliers
BREBIS LE KG 25€
ANELÉS

Bon appétit Madame

Voyage d'Automne

Bourgogne-Franche-Comté

Normandie

Hauts-de-France

Besançon, Arbois, Nuits-Saint-Georges,
Dijon, Trouville-sur-Mer, Deauville, Pont-l'Évêque,
Rouen, Lille

秋旅の章

page 052-089

ブルゴーニュ=フランシュ=コンテ地域圏

ノルマンディー地域圏

オー=ド=フランス地域圏

C'est l'automne!

秋旅へ

スイスに近いフランス東部ブザンソンへはパリのリヨン駅からTGVで向かう。オペラからリヨン駅へはRER※での移動だ。空港バスの遅延と渋滞で列車予約時刻は迫っていたが、RERなら余裕の到着だ。ところが……オペラ駅のホームに着くや否や、「今から電車は不通になります……」とアナウンス。なんと！ 私も含めリヨン駅へ行くであろう、旅行鞄を抱えた人々がざわめいた。プチパニックだが、地上への長い階段を駆け上がり、メトロの駅を目指した。着圧靴下を脱ぎそびれたので思うように走れない。端から見たらヨタヨタであろう。結果、リヨン駅到着と同時に私の列車は発車した。敗北感を覚えながら窓口で切符を買い直すが、カードの機械が調子悪く手間取る。購入した切符はあと5分で改札が閉まる。昔と違い構内の勝手もわからず担当マダムにもう1本後の列車をお願いすると、「大丈夫！ 私が連れてってあげる！」なんと！ リヨン駅の守護天使よ！ 美しい黒髪天使に甘え無事に乗車。改札口でも笑顔で見送ってくれ、感謝で胸が一杯だ。ブザンソンにたどり着きアパートの門扉を開けると、真っ赤に染まった蔦が目に入った。見とれていると建物から出てきた住民マダムが、「ボンジュー、セ・ロトンヌ！（秋が来たのよ！）」と和やかに声をかけてくれた。紅葉とチーズとりんごの秋旅は、幕が開いたのだ。

※ RER（エールウエール）パリ近郊電車。

Fond d' Or

モン・ドールとフォン・ドール

フランシュ･コンテ地方の名産は、なんと言ってもチーズだ。フランス人が大好きなコンテ、秋の到来を感じるモン･ドール、黒炭が特徴的なモルビエなどがある。以前フランスで長く暮らした時は、残念ながら私のチーズ愛は花開かなかったが、フランス全地域圏を巡るのなら私好みの1つや2つに出会いたい。幸い今回の秋旅ルートのフランシュ･コンテのチーズは、クセが穏やかなものが多そうで希望が持てる。

アパートに到着後、ドゥー川岸辺の円筒型の要塞や山吹色の木々、対岸にある17世紀の建物を利用した大学を眺めながら、小雨の夕暮れを歩いた。そして、ナチュールワインの酒屋ザンザン･デュ･ヴァンに入り、ジュラワインの品種のサヴァニャンをグラスで頂き、ブザンソン到着を祝った。トロッとしていておいしく他も飲みたいが、今晩の夕食はモン･ドールと決めている。モン･ドールは秋から春まで販売されるウォッシュ系の生乳チーズ。ジュラのモン･ドール山が名前の由来。柔らかいので木箱に入っているが、松科の木の香りがつき、独特の芳香もあるようだ。さあ、アパート近くの評判の良いフロマジュリー（チーズ屋）、ラ･リゴットが閉まる前に行かなくては。1杯を存分に味わい、潔く店を後にした。

店ではマダム達が順番待ちをしていた。店主のムッシューとチーズを選ぶマダムは楽しそう。良い店の証だ。順番待ちの間に店内を見渡した。大きなショーケースには円盤状の大型のハード系チーズを始め、沢山の種類のチーズにバター、ハムやヨーグルトも豊富だ。棚にはワインボトルがずらり、陳列台には地元の菓子やジャム、食用オイルもある。私の番になり、小さなモン･ドールとワインをお願いすると、おそらく私と同世代であろうグレーヘアーで眼鏡の奥の瞳が優しげなムッシューが、モン･ドールの食べ方を私に訊いた。以前、NHKのフランス語番組で見たモン･ドールをオーブンで焼いて食べるフォン･ドールが忘れられない。「フォン･ドールならやっぱり伝統的な造りをしているワインがいいね！」とジュラのエトワール（産地）で歴史のある造り手のシャルドネを勧めてくれた。秋口の熟成が進んでないモン･ドール（私はそれが狙い！）は、合わせるワインもフレッシュで味や香りが強すぎないものがお勧めのようだ。フォンドールのレシピも尋ねた。ムッシューが、「表面を薄く切り取り、白ワインを少々をふり、木箱の回りにホイルを巻き、オーブンで焼くだけだよ」と答えると、横から赤いほっぺが可愛い中学生ぐらいの息子さん、プティムッシューが「ニンニクを少し乗せてね！」と。ムッシューは「あっ、そうそうほんの少しね！200℃で10分くらいかな、表面が焼けたら一度混ぜて、再び焼き色が着くまで

焼くのが僕は好きなんだよ。合わせるのは蒸したじゃがいもとジャンボン（豚もも肉のハム）だね！ 一緒に包むかい？ 一人なら3枚、いや2枚かな。息子がやってくれるから」すると、プティムッシューは手際よく大きな固まりハムをスライスして、これでいい？ と得意気に見せてくれた。ハムは3枚、商売上手だ。それとも食いしん坊だろうか。

じゃがいもを調達して、そそくさとアパートに帰宅した。期待で胸は高まる一方だ。2人のムッシューの仰せの通りの手順を踏み、モン・ドールをオーブンへ。表面がトロトロになってきた！ 焦げる前にひと混ぜを！「じゃがいもの蒸し具合はどんなだ⁉」「ウィ！ シェフ！ あと少しです！」……1人でシェフと見習いの2役はせわしい。オーブンからは目が離せないのだ。大きなハムを皿にのせ熱々のじゃがいもを切り分け、さぁ！ オーブンからモン・ドール様をお迎えしよう。テーブル移動まで待てない、熱々の内に食べねば‼ 今宵はキッチンディナーだ。じゃがいもをトロトロのモン・ドールに潜らせる。チーズがとろ〜んと伸びること！ ひと口で放り込んだ。……言葉が出ない。こんなにおいしいものだとは‼ 焼く前に少しだけ味見し、クリーミーで確かにおいしいチーズだと思ったが、その何十倍もの旨みが凝縮している。くどさはなく香りも柔らかで濃厚なミルク感、塩気もよい、ニンニクがほのかに利いている（多いとチーズの風味は消えるだろう）。これはもうアドレナリンが爆発しそう！ カリカリに焼けた部分も堪らない。あと少し、あと少しと完食してしまいそうな危険なチーズ沼‼ 5分経ってもまだトロトロ。あまりのおいしさにワインを飲むのを忘れてしまう。エトワールのシャルドネは黄金色で淡いナッツの香りの中に柑橘も感じられ、シャープな酸味で少し樽香も利いている。濃厚クリーミーなフォン・ドールにぴったりなのは間違いない。はふはふぱくっと食べてグビッと飲む。これをクロックムッシューにしたら……まだ、ハムもある。朝一番でパンを買いに、ブーランジュリーに行こう！ お腹は一杯なのに明日の朝がもう待ち遠しい、ご機嫌で口福な夜であった。

Port Noire

ノワール門

ブザンソンでは、夜は嵐のような雨風が窓に打ち付けていたが、幸い明け方には曇り空に留まり、朝散歩を楽しめた。ドゥー川に掛かるレピュブリック橋は素敵な石造りの橋で、橋下にはボート乗り場があり、そこから山吹色や朱色に染まった木立の中を歩くことができる。緑色の川には紅葉の落ち葉。しなだれる枝や蔦も美しい。早朝ならではの静寂も相まり、素敵な散歩だ。地上に上がりトラム線沿いに進み、横に折れた。旧市街の建物は勾配のあるモザイクや赤茶色の三角屋根で3〜4階建ての16世紀頃の石造り。切り石はペールトーンのグレーやベージュが混じって優しい雰囲気を醸し出していると思ったら、グレー色は修復箇所だった。ペールトーンのドアには、植物のレリーフが多く施されている。古代、ガロ·ローマ時代の劇場跡の公園は朽ち果てているが、重厚で時が止まっているようで、つい立ちつくす。そのすぐ先の坂道を進むとノワール門が悠々とそびえている。時は2世紀、ローマの凱旋門だ。門の表面やアーチ下にも植物や神話のモチーフなどが彫られている。彫刻しやすい石を使用しているから、かなり朽ちているが、それでもあまりの美しさに身震いがする。ブザンソンを訪れて本当に良かった。町を見下ろせるヴォーバンの城塞までたどり着いた。腕時計を見ると開館時間の9時なのだが、あまりにも静かだ。携帯で情報を確認しようとしたら、なんと8時！ 夏時間が夜明け前に終わっていたのだ。またもやポンコツぶりを発揮してしまった。

Arbois

アルボワへ

朝の散歩を終え1日の計画を練る。ブザンソンは、17世紀にスイスから時計職人が移住し繁栄した時計の町でもある。時の博物館で、振り子時計など美しい時計のコレクションを見学して、マルシェに寄ってジュラ産の鶏肉を買い、残りのワインで煮込みを作るのも良さそう……と思ったが、ジュラの郷土料理プレ・オ・ヴァンジョーヌ[※1]の味を知りたい。ヴァンジョーヌはここから電車で40分ほどのアルボワでも造られる。さっと準備をしブザンソン駅から電車に乗り込む。車窓からはジュラの森が広がり心地よい。ちなみにジュラとはラテン語で森の意味を持つ。電車はひなびたアルボワ駅に到着した。ブザンソンより空気が冷え込む。ストールを首に巻き、旧市街へ歩き出すと、ざーっと大きな流水音が耳に入る。苔が生えた赤茶色の屋根の建物の脇を、すれすれに通る松葉色のキュイザンス川は急流だ。川岸の木々は鮮明な赤色の蔦が絡まる。全体を眺めると、風景画のように美しい。川は町を蛇行しながら流れ、石の橋など様々な橋があり、川沿いには古い石造りの建物が並ぶ。丘陵には紅葉が始まる葡萄畑、畑を見守るように12世紀頃に建てられた教会がある。歩く足がつい止まってしまう美しい町だ。

紅葉目当てか、町は賑やか。週末とは言えこれは想定外。行きたい店が満席になる前にと、慌てて2店回ったが、予約で一杯。外のメニュー表を見てあらゆる店に行くが、結果惨敗である。私と同じく予約なしで肩を落とした

※1 若鶏のヴァンジョーヌワイン（サヴァニャンを木樽で長期熟成させたワイン。シェリー酒のような風合いがある）ソースの煮込み。

人も沢山いた。私は途方に暮れたが、テイクアウトはどうだろうかと、また店を再度回るが苦笑で断られた。繁忙期の忙しさだと諦めたら、ブッシュリー オ・デリス・デュ・パレのショーケースに淡い茶色のソースのパックが目に入った。よく見ると、ヴァンジョーヌソース！ しかもジュラ名産のモリーユ茸が沢山入っている!! 勢いよく扉を明け、興奮ぎみに「あそこのヴァンジョーヌソースをください！ プレ・オ・ヴァンジューヌが食べたくて（アルボワに）来たのですが、どこも満席で……そしたらあなたのソースが（目に入り）！」と言うと、ハツラツとしたお兄ちゃんムッシューは、落ち着いてと言わんばかりの温かい笑顔だ。「ジュラの鶏の骨付き肉も一緒にお願いします」と注文すると、調理しやすいよう半分に切り、包みを持たせてくれた。

寒空で冷えた身体は、うれしさで血がみなぎりポカポカだ。はぁ〜っ、落ち着いた！ では一杯行きますか。教会の川岸のバー、トロケ・レ・ザシーブは女性好みのソファーがあり入りやすそう。「ボンジュー！」と声かけるとカウンターで常連さん達と楽しく話すマドモアゼルが、にこやかな視線を向けてくれた。グラスワインを頼むと、「シャルドネはナチュールで、サヴァニャンはビオよ！」と、ハキハキと元気がよい。将来は貫禄ある素敵なマダムになりそう。ワインは、サヴァニャンに決め、ハムとチーズの盛り合わせもお願いしソファーに座った。店内では古そうなアルバム（レコード）を詰めた箱をテーブルに置き、即席販売もしていた。みんな興味津々だ。売り手のムッシューが一枚のジャケットを指し「ニホンのシブヤ」と言っているのにピクピク耳を傾けていると、「お待たせ！ ボナペティ！」と笑顔と共に私のサヴァニャン（猫好きには堪らない品種名）と盛り合わせが運ばれて来た。大きなバゲットと沢山のハムに、食べてみたかったチーズ、モルビエがどーんと、この盛りっぷりには驚いた。がっつり楽しもうでないか。サヴァニャンはきれいな琥珀色、蜂蜜の香りにスモーキーな木の香りでジュラの森が浮かんだ。柔らかでこっくりした酸が口に広がるう〜んおいしい！ モルビエはチーズに黒い線が入り青カビチーズに見えるが、これは昔の製法※2の名残りの食用炭。クセやくさみはなく、ミルキーで、もっちりした歯応え、私好みのチーズにまた出会えた!! 何枚も重ねたハムと一緒にバゲットに挟む。う〜〜ん特上のおいしさのジュラサンドの出来上がり。お陰で大満足なアルボワ遠足となった。

※2 昔、コンテチーズを作ったあとの残ったミルクを、次の搾乳まで保護するために銅鍋底の煤で覆った。

Soirée Jura

ジュラナイト

ブザンソンが名残惜しいが、アパートを退出して、ラ・リゴットでムッシューにお礼を伝え、春に作られた熟成の若いコンテチーズを買い、TER[※1]でニュイ・サン・ジョルジュへ向かった。車窓から葡萄畑が見えるとブルゴーニュ地方に入った事を実感できた。日曜の午後なので小さな繁華街もひっそりとし、到着を祝えそうな店は1店しかない。ロックが響く店の前で、おっちゃんムッシューが一服をしている。一度通りすぎ、よしっ！ と気合いをいれてル・ゴールデン・ベアに入りカウンターへ。キャップ帽で少しやんちゃっぽいお兄ちゃんムッシューのクラフトビールの店だ。ビールも嫌いではないのでつい注文してしまいそうになるも、初志貫徹でお目当てのブルゴーニュのクレマン[※2]を頼んだが、「ビールじゃないんか」的な嫌な顔は全くない。店内を見渡すと地元の若い人やご夫婦が、飲みながら和やかに世間話をしている。安心してカウンター上のガイコツのオブジェを眺めながら、ジューシーな泡で祝杯を楽しんだ。

その夜はアパートで、アルボワで買ったジュラ産鶏肉をバターで軽く焼いて、ヴァンジョーヌソースでコトコト弱火で煮込んだ。残っていたジュラワインも、瓶が重いがリュックに詰めてきた。コンテチーズにジュラ産バター、レ・ザンザンで買ったサラミにクロックムッシューで使用したパンも残っている。今宵はジュラナイト！ を満喫して明日からブルゴーニュを楽しもうではないか。煮込みの間はアペロだ。コンテは棒状に切ったほうが良いらしい。薄く切るよりも、口当たりがよく、香りも広がるそうだ。ひと口食べるとナッツや優しい花のような、牧場の若草のような香りが広がる。滑らかで塩みも穏やかで手が止まらない！ 秋旅早々に3つのお気に入りチーズができた。直接、この感想をラ・リゴットのムッシューに伝えたかったなぁ……。出だし好調なジュラナイトを楽しんでいると、キッチンにふんわりおいしい香りが充満してきた。鶏の煮込みもよい塩梅なのでは。開いている店は小さな乾物屋のみだったので、あいにくフェットチーネは買えず、米ももて余しそうなので、代わりに買ったソースがよく絡みそうなパスタのフジリを付け合わせにした。プレ・オ・ヴァンジョーヌは、モリーユ茸[※3]がたっぷり利いて力強く深い香りがする。フランス現地でないと、こんなに惜しげもなくソースに沢山入れることは値段的に難しいだろう。ヴァンジョーヌの酵母

※1 フランス国鉄快速・普通列車。
※2 ブルゴーニュやアルザスなどで作られる、シャンパンと同じ製法で作られるスパークリングワイン。

によるものなのだろうか、クリーミーなソースは少し甘みとスパイシーさも兼ね備え、酸は穏やかで、ソースに奥行きの長いコクを醸し出す。ヴァンジョーヌソースとジュラの柔らかな若鶏とモリーユ茸の3つの旨みがよく馴染み、まさに至福の味わいだ。お陰で残ったジュラワインもよく進み飲み干せたので、明日からアパートでもブルゴーニュワインを楽しめそうだ。

※3 和名:アミガサ茸。ジュラの名産。香り高く、フランスではトリュフの次に高級きのこ。

Cassissium

カシシウム

初めてカシスを知ったのは、フランス留学時。えぐみのある甘酸っぱさが新鮮で、カシスの虜になった。今は日本でもカクテルやスイーツで気軽に味わえる。カシスの産地のN·S·G[※1]には、1923年創業のリキュール会社ヴェドレンヌがある。併設するカシシウムでは、カシスの歴史映画、工場のリキュールの製造行程、試飲のツアーが堪能できる。カシスの品種は150種に及ぶ。ヴェドレンヌでは、地元管理された最上級のノワール·ド·ブルゴーニュを使用してリキュールを作る。カシスの香りが漂う工場では、銅の蒸留器、ステンレスタンク、マール[※2]の木樽を見学した。案内してくれたのは、気配りと話術が巧みなお兄ちゃんムッシュー、トマ。ツアーの最後は素敵なカウンターで心待ちの試飲。カウンターの反対側には果実、ハーブのシロップがずらり。子供は水で割り、楽しそうに飲み比べている。大人はトマの前にぴったり。看板商品はクレーム·ド·カシス·スーパー·カシス。紫とガーネットが混ざった美しい色。リキュールだけを口に含む。カシスの香りと果実みの余韻が長い。アリゴテ(白ワイン)を注いでキールに。キールがこんなにもおいしいと感じたのは初めて!! 続々とリキュールや高級マールが出てくると、みんな一斉にトマにグラスを差し出す。これには、隣にいたマダムと一緒に笑ってしまった。会場はトマの店と化していた。

※1 ニュイ·サン·ジョルジュの略。　※2 ワイン製造時の搾りかすを使用したブランデーの一種。

Auberge du Guidon

オーベルジュ・デュ・ギドン

ニュイ・サン・ジョルジュから離れた所にある、ルーティエ、オーベルジュ・デュ・ギドンが気になった。幸い店のそばまで行くバスに乗れスムーズに到着できたが、13時半だ。午前に行ったカシシウムでの試飲が盛り上がり、予定がずれた。閉店は14時。大丈夫かな……と扉を開くと、まだ客はいる。天井には沢山のフットボールチームのフラッグが下がっていた。後片付け中のマドモアゼルに昼食はまだ頂けるか尋ねると、申し訳なさそうに「ラストオーダーは終わってしまったの、ごめんなさい」と。残念すぎる。……でもせっかく来たのでカウンターでの一杯をお願いしてみると、「もちろんよ！ 少し待っててね！」と片付け途中のテーブルに戻っていった。アントレ（前菜）セルフコーナーを羨ましく眺めていたら、フレンドリーな笑顔の可愛いマドモアゼルがカウンターに戻ってきた。「何がいいかしら?」ビールサーバーの隣はワインサーバーもある！「ロゼをお願いします！」マドモアゼルは愛らしい洋梨型のグラスに注いでくれた。う〜ん、ツマミもやはり欲しい……。「あそこ（セルフコーナー）のアントレだけ注文できますか? 図々しくごめんなさい！」すると心優しいマドモアゼルは、私の顔を見てこの旅人マダムはよほど腹ペコだと思ったのか、「良かったらサンドイッチ作るわよ、ハムにピクルスを挟んだのは好き?」「わぁ……ぜひお願いします。ありがとう!!」「う〜ん、そうね……あそこのテーブル席に掛けて、アントレはあそこからサーブしてね！」「えっ!?」「パンを持っていくから、その時黒板からメインを決めてね！」「えーっ!!」全く予想だにしない言葉に驚いた！「わぁ、本当にありがとう！ 大変ご親切にありがとう!!」人を優しく包み込む愛情深さ、ブルゴーニュの聖なるマリアさまとお呼びしたい。私のせいでマドモアゼル・マリアさまとスタッフのみなさんの昼休憩時間を割いてはならない。席に荷物を置き、武士の所作のように素早く皿に好みの前菜を盛り付けた（普段なら、ど〜しようかなぁフンフンと鼻歌混じりに前菜に思わせ振りをするが）。茹で卵、パテ、酢漬けのニシンなど、酒のあてには堪らないメンツを、ひと口、ひと口幸せを噛み締めるようにロゼと交互に味わった。どれも素朴ながらもホッとする味わい。皿に残ったマヨソースもバゲットでぬぐい白く輝く皿にした。手早く平らげた私を「やるわねぇ、マダム！」と思ったかは別にして、「あらっ！ こんなに早く！」と笑顔で皿を下げ、すぐにメインの「ソテー・ド・キャナール（鴨のソテー）」を運び、優しい声で「ボナペティ！」と言ってくれた。茶色（鴨）と黄色（フリッツ）が私の食欲をさらに掻き立てた。さぁ！ ギアを最高速にあげよう！ パリのホテル・ブリストル研修時の昼食以来の早食いだ（よく噛み味わう事は忘れないが）。ごろっとした鴨肉は程よく締まり、噛むと甘い脂と滋味深い旨みが口に広がりおいしい!! ソースにも肉の旨みがよく移り、バゲットもよく進む。

　奥の席から子供の賑やかな声が聞こえた。手前のテーブルのご夫婦はデセールを楽しんでいる。「まだ二組いる、これは巻き返せる！」ボリューミーな皿

に9割お腹は一杯だが、ジューシーな鴨肉とカリッと食感のよいフリッツとすっきりロゼのリレーで最後までおいしく平らげた。私の食いっぷりにマドモアゼル・マリアさまの可愛い笑顔はさらにほころび、「フロマージュ・ブランはいかが?」「ぜひぜひ!」「OK! 砂糖も一緒にね。ロゼもおかわりいかが? セット料金だから心おきなくね!」優しいマドモアゼルだ。ひんやりしたフロマージュ・ブランを平らげると、「デセールは何がいい? ムース・オ・ショコラ(チョコレートムース)、クレームブリュレ、タルトシトロン……」選びきれなくマドモアゼルお勧めのムース・オ・ショコラにした。カフェと一緒に頂くと、私の好きな甘みとほろ苦の二重奏だ。時おりカリッと溶けきれなかったチョコの粒があり、手作りだと分かる。異国の見知らぬ土地で、温かい人情を頂きこんなにも幸せな昼食にありつけるなんて。マドモアゼル、スタッフのみなさんに感謝してもしきれない……。

子供連れのご夫婦のあとすぐに会計をお願いし、知り得る限りのフランス語のお礼の言葉でマドモアゼルに精一杯のお礼を伝える。別れ際までマドモアゼルは、マリアさまのように温かく美しい笑顔であった。

帰り道、私は大失敗をした。店でタクシーをお願いすべきだった。店から少し進むと歩道はない。コート・ド・ニュイ地区の広い葡萄畑は黄金色に染まり見事だが、畑に挟まれた幹線道路の時速標識は90km!! 特大のトラックが日本の高速並みに走ってくる! 葡萄畑の脇の雑草部分を(踏んでごめんなさい)、恐怖でへっぴり腰になりながらも早足で進んだ。雨だからトラックもより速く飛ばしたいだろう。なのに人が車道脇を歩いていたら大迷惑だ。反省をした。ギドンへは、車(又はタクシー)かバスのご利用を何卒お願いしたい。

Bœuf Bourguignon

ブッフ・ブルギニョン

N・S・Gの中心街は歩いて30分で回れるほど小さい。周りは葡萄畑。ワイン生産では、コート・ド・ニュイ地区に入る。地区内には、かのロマネ・コンティやナポレオンが愛したシャンベルタンの畑もある。この地の華やかな高級ワインのイメージとは相反し一帯はとても静かでのどか。町で一番高い建物は、ブルゴーニュ特有のモザイクタイルの尖り屋根が可愛い小さなサン・ドニ教会。近辺には、中世の塩蔵が当時のままワインカーブとして使用され残っている。

N・S・G3日目は、久しぶりに清々しい青空。昼食はブルゴーニュの郷土料理、ブッフ・ブルギニョン[※1]をどうしても食べたい。毎年、ボジョレー・ヌーボーに、ブッフ・ブルギニョンとコック・オ・ヴァン[※2]を交互に作るが、未だにフランスで食べたことがないので、答え合わせがしたいのだ。小さな噴水広場の前に町のレストランといった感じの店、コート・ドールを見つけた。外のメニュー表にはお目当てのものは、ある！ しかも牛肉はシャロレー牛[※3]を使用。いいね！ と思うと同時にピザの単語が目に入った。フランスは、今はどこもピザとバーガーであふれている……（フランスの食材で作ったら絶品とは思うが）。気を取り直し元気に「ボンジュー！」と扉を開けると、開店10分前！ 賄い中のスタッフさん達に「どんだけ食い意地が張っているんだ」と思われたかもしれないが、優しく席に案内して頂けた。営業時間になり、ブッフ・ブルギニョンとグラスワイン、この地区内のコート・ド・ニュイ・ヴィラージュを注文した。

前日、ルーティエの帰りの幹線道路に怖じ気づき道を折れたらちょうどコート・ド・ニュイ・ヴィラージュで、歴史を感じる美しいシャトー・ド・プルモを見つけた。ワイン用語もよく知らず、おいしい！とか、好き！のレベルのフランスワイン愛好

※1 ブルゴーニュ地方の郷土料理。牛肉のブルゴーニュ赤ワインの煮込み。
※2 ブルゴーニュ地方の郷土料理。雄鶏のブルゴーニュ赤ワインの煮込み。
※3 ブルゴーニュ地方南部にあるシャロル原産の放牧牛。余分な脂身の少ない赤身肉でフランス三大牛のひとつ。

家なので、一人で飛び込むには勇気がいったが、カーブから人の声がするので、「ボンジュー、日本から来ました。ワインを1本買いたいです！」と言うと、マダムがクスっと笑い「ボンジュー、私は客よ」と。奥にムッシュー達がいたので同じ台詞を繰り返すと、同じマダムが肩を揺らして笑い「違うわよ、オーナーはあの人！」と……。スタッフさんも愉快に笑い、恥ずかしいこと……。背の高いムッシューペルティエが、にこやかに来てくれた。「寄ってくれたの? ありがとう。よかったらトノー見ていく? 今出荷準備で、バタバタですまないね」早足で付いていくと、暗い石造りの場所に寝かされた木樽が2段に積み上げられている。奥まで続くその広い空間は、しっとりとして、葡萄や土や木の香りがした。なんと樹齢300年のオーク樽もあるそうだ。家族代々で営まれたシャトー。オーガニックワインを作るために、ムッシューペルティエが周りの生産者さんを長い時間をかけて理解を深めた。自らその畑を管理すると、オーガニックの素晴らしさ（ワインの品質や自然環境の配慮）が伝わったそうだ。シャトーで生産する9割強が国内で個人消費される。ファンがいっぱいだ。一番特上のワインは、バックパッカーの予算では手がでないが、思い出にN·S·Gの地名がラベルに入ったものを選んだ。リュックで割れるといけないからと、箱に詰めてくれた。ムッシューペルティエもスタッフのみなさんも、忙しそうなのに笑顔が絶えない。帰国して夫に見せると、長く寝かせてもいいと言う。我が家にN·S·Gのムッシューペルティエの葡萄が眠っていると思うと愛おしい。

話はそれたが、その日初めて土地のワインを飲んだ（アパートではクレマンのボトルを開けていた）。赤みのあるブラックチェリー色のワインは、グラスを鼻に近づけるとふんわり熟した赤いベリーの香り。ひと口飲むと、まったり滑らかで濃厚だけど、フルーティーでほのかな甘み、渋みは軽く全体的にエレガント。グビッといかず、ゆっくり味わいたい。広い店内は、地元風の客でいつの間にか満席に。若いスタッフさん達が、笑顔でお互いをフォローしながらてきぱきと働いている姿も気持ちよい。店

内で一際目立つのは、マダムが連れたセントバーナード並みの大きな洋犬。おとなしく伏せている姿が可愛くて眺めていると、来ました！ 私のブッフ・ブルギニョン！ 本場のブルゴーニュで味わえるなんて夢のようだ。色はきれいなこげ茶、ソースはサラッとしている。この時点で、すでに私が作るものと違う。ドキドキしながらひと口……!! おいし～い!! 味噌おでん大好き愛知県民の私は、つい煮込みをコッテリさせがちで甘みも少し足してしまう。「違う！ 完全に違うのだ」。使用するワインはブルゴーニュのピノ・ノワール（品種）だが、こんなに違うとは……!! コクはあるがくどくなく、もちろん甘みもない。シャロレー牛とマッシュルームの風味が際立ち、塩漬け豚バラベーコンの脂の旨みに人参とワインの軽い酸味が混じりあい、全てがちょうど良いからこの味わいを醸し出すのだ。煮込まれた牛肉には全ての旨みが染み込んでいる。噛みごたえはあるが固すぎず、柔らかすぎず丁度良い。ワインで追っていく。もちろん最高のマリアージュ！ ブルギニョンがしつこくないからN・S・Gのピノが引き立ち、ピノの渋みが重くないからブルギニョンの旨みもよく感じられる。お見事！ 皿に残ったソースも味を身体に染み込ませるごとく、パンでしっかり拭いおいしく完食した。

会計時、担当してくれた爽やかなお兄ちゃんムッシューに、「サ・エ・テ？ マダム（マダム、いかがでしたか）？」と訊かれたので「とてもおいしくて完璧よ!! あなた達はボンネキップ（よいチーム）ね！」と伝える。「そうなんだよー！」とうれしそうに誇らしく言う姿が、とても素敵だった。

Vigne de Romanée

ロマネの畑

秋旅にブルゴーニュを入れたのは、コート·ドール[※1]とも名付けられる美しく黄金色に輝く葡萄畑一帯でたそがれてみたいと思ったから。テレビでグランヴァン[※2]愛好家の聖地、ロマネ·コンティの畑を見た。未だ飲んだ事はないし、この先飲める幸運があるか分からないが、ワインよりも、時空を越えた静寂で美しい畑に心を奪われた。

N·S·G最終日10時には移動しないといけない。残った時間で朝日を浴びる畑を見ようと、朝6時半にアパートを出た(幹線道路だが、予めグーグルマップで確認すると道沿いには畑道があり、早朝は車も少ないと思い決行。ちなみに日中はバスがある)。幸い晴れそうだがまだ暗く、ひっそりしていて怖い。そんな時は、大袈裟にいかり肩で大股で歩く。自分でもどうかと思うが、フランケーン作戦と名付けよう。端から見たら小さなおっちゃんと思うかも……。道路は予想通りに車も少ない。遠くの空が徐々に藍色から淡いグレー、ピンク、橙色になる。うっとりしていてはいけない、足を早めロマネ·コンティの畑があるヴォーヌ·ロマネ村に到着した。人けはない。小路を進むと、一面見渡す限りの葡萄畑に石の十

※1 仏語で黄金色の丘陵地。ディジョン南から50km続くワイン産地。葡萄の樹の紅葉の色が由縁とも。
※2 仏語で偉大なワイン。ボルドーやブルゴーニュで造られる世界的に有名な高級ワインを指す。

字架と小さなロマネの葡萄畑が飛び込んできた！ 18世紀半ば、ルイ15世の愛人マダムポンパドゥールはこの畑の所有を願っていたのだが、犬猿の仲だったコンティ伯爵が買い上げ、指標代わりに建てたのがこの十字架だ。2つに積み上げられた石の設置台が、所有者が変わったことを物語っている。畑と共に歴史を歩んできた石積みの低い塀に手を乗せ、ここに来られた喜びを時空を越えた古代ロマネ人※3に伝えた。畑の反対側の教会から日が昇ってきた。神聖で温かい光を受け、ふんわり浮かび上がる優しい黄金のロマネの畑を独り占め。しばらくすると1台の車が止まり、畑を管理する中折れ帽子のムッシューが静かに畑に入っていく。私をちらっと見たので「ボンジュー、ムッシュー」と挨拶すると、静かに頷いてくれた。世界中から訪れる多くの見学者にうんざりしているかもしれない。私はそーっと静かに畑の力強いピノ・ノワールの古樹を眺め、風景を心に刻んだ。帰ろうと視線を上げると、ムッシューが畑から折り返している。遠くから「メッシーボークゥ（大変ありがとうございました）！ ボンヌジョフネー！」と投げかけると、持っていた木ぐいをグッと持ち上げ返してくれた。

葡萄の収穫が終わると、取り残しの葡萄は1粒程度なら摘んでもよいとフランスで聞いたことがある。もちろんロマネ・コンティの畑は侵入禁止なので断じて出来ないが、反対側の侵入禁止の看板のない畑の裾から手が届く完熟した実を1粒口に入れた。……衝撃だ。今まで味わったことがない葡萄の味。高貴な果実みに、清らかな花のブーケのような、蒸留酒のような広がりを、小さな1粒で思いきり感じた。あわよくばいつの日か、ロマネ・コンティのワインを飲んでみたいという欲が芽吹いてしまった……。

Girolle

ジロールきのこ

ノルマンディー移動に備えパリ行きのTGVに乗る為にディジョンで1泊。半日の滞在をコンパクトに堪能した。カーヴ・ド・ラ・シテ※1では、壁一面にブルゴーニュの高級ワインが並ぶゴージャスさと、明るい木のカウンターの組み合わせがモダンで心地よい。飲んでみたかったN・S・Gのドメーヌ※2シュブロンの赤と、大好きなモンラッシェの白をセルフサーバーで、気後れなく楽しめた。ちなみにシュブロンはグラス1杯で28ユーロ！ 私はその内7ユーロ分をちびちび頂いた

※3 ラテン語でローマ人。古代ローマ人がこの地に葡萄畑とワイン醸造をもたらしたと言われる。
※1 食の複合施設シテ・ド・ラ・ガストロミーの中にある。フランスワインの有料試飲や購入が出来る。

が、おいしいワインは少量でも満足度が高い。シュブロンのピノ・ノワールは、花や果実に満ち溢れしっとりした森の中のような香りがした。旧市街では、コロンバージュやモザイク屋根の石造りの建物、コの字型の美しい旧ブルゴーニュ公国宮殿など、幅広い歴史建築を見て回った。ノートルダム教会の正面には、横1列3段で、大好きなガーゴイルの雨どいが突き出し並んでいる。高い場所を一生懸命目を凝らし見上げ続け、首が固まってしまった。教会そばの幸福のふくろうをなでたら、コリをほぐすために、メゾン・リミエールのサロン・ド・テでスパイスの利いたポム・ショー（ホットりんごジュース）と蜂蜜とスパイスたっぷりのパン・ド・エピスのおやつでくつろいだ。翌朝の始発に備え、夜はさっとアパートディネ。モノプリでフランスの秋の味覚のきのこ、ジロールの美しさに惹かれ少量と、ディジョン名物ジャンボン・ペルシエ[※3]を買ってきた。ジロールは和名はあんず茸だが、あんずの香りはなく、どちらかというとモワーッと青カビチーズやトリュフのような力強い香りがした。ついた土を掃除するのは面倒だが、バターでさっと炒めるとトロッとしたまらなくおいしい！ ニンニクは加えてはいけない。せっかくの風味がニンニクに持っていかれる。ジャンボン・ペルシエも市販品でありながら、思ったほどくどさもなく、ジューシーなハムに白ワインやヴィネガーの酸味が軽く利いていて良いワインのあてだ。N・S・G最後の夜に飲み残したコート・ド・ボーヌのハーフボトルでブルゴーニュの幕締めを。翌朝はディジョン駅でTGVに無事乗車。折しもフランス北西部に大嵐のシアランが発生し、洪水の被害が出るほどだった。パリからの長距離バスに乗り損ねたら、嵐で電車での移動も見込めないかも。パリに到着すると、RER、メトロとダッシュで乗り継ぎ、なんとか乗車時間に間に合うと思った矢先、バス会社から出発2時間遅れのお知らせが……。気を取り直しバス停留所近くに居心地よさそうなカフェを見つけ、優しいお兄ちゃんムッシューに事情を話し長居をしていると、さらに1時間遅れます、と……。理由は天候ではなく、バスの調子が悪いよう。やれやれ。乗車前に買ったりんごにペタッと貼られたハロウィンのジャックオーランタンの顔が、その時の私の表情そのものだった。

※2 自ら葡萄の栽培をし醸造、瓶詰めまで手掛ける生産者。
※3 角切りハムとパセリのゼリー寄せ。伝統的なものは豚足などのゼラチン質で固めてある。

Tourteau

イチョウ蟹

滞在2日目の昼、心は蟹を追い求めている。トルヴィル・ドーヴィル駅から右手に折れると、トルヴィル・シュル・メールに入る。漁船が留まるトゥーク川沿いを進むと、木骨組の建物、マルシェ・オ・ポワソン（魚市場）がある。6店ほどの魚屋が立ち並び、各店の向かいのテントで購入したものを食べることができる（魚介の種類にもよるが）。何よりも重要なのは、店の当たりはずれを見極める事だ。ガチガチに焼かれたステーキなら笑い話になるが、鮮度の悪い寿司屋は笑えないのと同じで、何よりも鮮度重視（おそらくこの市場はどこも新鮮）である。残るポイントは2つ。1つは値段。値段以上の価値があれば万々歳だが、とにかく公正な値段かどうか。残りは、雰囲気や人柄だ。寿司屋の大将の一人劇場的なオーラは、異国の旅でもとても辛い。魚介の種類、品質、値段、雰囲気を確認して片道90秒、2往復した。そして レ・プティ・ムースに決めた。店頭には真っ赤に茹で上がったヨーロッパイチョウ蟹、大きなハサミのオ

マール、ムールに雲丹もある。その1段上には、フランス人の好きなヒラメに半身のサーモンや白身魚……まるで雛壇だ。昭和風ではなく、今風2段。ぷっくり胴体の蟹たちが、小さな目で一斉に私を見ている。「マダム。買うんか買わんのか、ひやかしならやめてくれ」と。そこに、陽気で口髭がちょっとアンダルシア風なお兄ちゃんムッシューが来てくれた。蟹の半身に海老とビュロ（ばい貝）も少し、マヨネーズにお勧めのグラスワインも注文した。おひとりさま旅人は注文量が少ないので、ドキドキし申し訳なく思ってしまう。ちらっとお兄ちゃんムッシューの顔色をうかがうと、全くもって笑顔！ そして、「パンはブーランジュリーで買ってきてね！」と。そうそう、フランスの人は牡蠣を食べる時にパンとバターは欠かさない。私は、「そうよね、ここはパン屋でなく魚屋だものね！」と言ったら笑ってくれた。テントに入り、ヨイショとお尻を持ち上げ、脚の高い椅子に腰かける。テントの反対側のムッシューサヴィニャックお気に入りのビストロも見える。お兄ちゃんムッシューが「ボナペティー！」と私のフリュイ･ド･メールを運んでくれた。氷が敷き詰められた銀皿に、美しい盛り付け。ご馳走っぷりが堪らない。注文量で埋めれないスペースをカットレモンで飾ってくれた。ニューヨーク57丁目5番街ではオードリーがティファニーのショーウィンドウを恋するような眼差しで見つめたが、私の眼差しもそれと同じだ……。まずはお勧めしてくれたロワールの白、カンシー！ 品種はソーヴィニヨン･ブラン。澄んだ淡い黄色、軽い辛口で、柑橘の瑞々しさに蜂蜜も少し感じ、酸味もよく、おいしい！ 滞りなく乾杯の儀式も済んだので、蟹を持ち上げてみる。おぉ〜、ずっしり!! すぐに甲羅を外したいが、慌ててはいけない。一休さんのセリフを思い出す。まずは、ビュロと海老から。ビュロは濃厚な海の味！ コリッとよい歯応え。海老は、小さいが身はムギュッとしまり甘いこと！ フランスの海老はやはり旨い。日本では口にしないが、味噌も味わう。臭みがなくおいしい。ほどよく冷えたカンシーをグビッとやりながら、無言夢中で食べ進め、やっと落ち着いた。いざ真打ち！ 蟹、蟹、カニー！ ルミノアのボーダーシャツの袖をめくり、甲羅と腹側を両手で掴み、えいや！ と力を入れ剥がすと、バリッと殻が割れた。半身なので剥がしやすい。味噌も内子もびっしりだ。ぱくっ！ と身にかぶりつく。う〜ん！ ふんわりしている。口の中で甘みと旨みが弾けあっている!! 味噌はクリーミー、内子はねっとり濃厚!! ひと口でワイン3口はいけるだろう。左手で蟹を持ち、右手でワイングラス、カメラでも押さえないと、メモもしないと……ここは、千手観音さまにあやかりたい。あ〜、ボーダー袖が下がってくる。どなたか、袖をあげてくださらないかしら〜！

Plage de PROUST

プルーストの海岸

2日目の朝、トルヴィル[※1]の海を散歩する。もし周りに建物がなくて海だけだったら、地球の果てに来てしまったと思うかもしれない。すじ雲が浮かび、淡い鼠色と水色が混じりあった広遠な空。その下を炭色の海が、空と平行に果てしなく続いている。風は槍のように、頬や手を突き刺す。コートの襟をたて、両手をポケットに突っ込む。大きく潮が引き、海水で隠れていた砂底が顔を出す。そこに少しとどまっていた海水が鏡となり、すじ雲を写し出す。遠く離れた波が、カモメの鳴き声を打ち消すようにごーっと音をたてこちらに向かってくる。波際まで近づきたいけど、所どころ砂底が見えず足が取られそう。冬の日本海ほどの荒々しさはないけど、潮にのまれていくのではと恐怖を掻き立てられそうな、静かに強いノルマンディーの初秋の朝の海。

ムッシューサビニャックに愛されたトルヴィルの海だが、同じように沢山の偉人に愛され、作家のムッシューマルセル・プルーストもその一人。プルーストの名前を聞くと一番にパリのリッツホテルのサロン・ド・プルーストをイメージするぐらいだが、この海岸に立つと、かつてのホテル、レ・ロッシュ・ノワール[※2]の窓から海や空を眺めたり、砂浜をよく歩いたであろうムッシュープルーストに親近感を抱いた。『失われた時を求めて』を読む日もそう遠くないかもしれない。

※1 トルヴィル・シュル・メールを略してトルヴィル。

※2 プルーストは好んでよく宿泊していた。現在はアパルトマン。

Plage de COCO

ココの海岸

学生時代、同年代のモデルの梅宮アンナさんのハイブランドな格好いい着こなしに憧れるも、私は東京ラブストーリーのリカのようなコンサバ風着こなしが精一杯だった。シャネルのチェーンバッグは名古屋巻きの女子の持ち物だと思い、私の中のブランドイメージもそれに引っ張られてしまったが、映画「ココ·アヴァン·シャネル」を見てシャネルのイメージが大きく変わった。マドモアゼルココのマスキュリンな装いや性格に好感を抱いた。ココのデザインは、動きやすさ着心地の良さにエレガントさを兼ね備え、なおかつ自立した女性の解放に影響を与えた。ココは、上流階級の恋人と訪れたドーヴィルを大変気に入り、パリの本店の次に帽子店をこの地に開いた。私は跡地を訪れ、映画のロケ地になったコロンバージュのヴィラ[※1]を見学し、ドーヴィルの海辺を歩き、さらさらと風に流されるココが愛したベージュの砂浜に思いを馳せた。晴れた昼下がりで空が爽やかな空色ということもあるが、こちらの海岸はプルーストのとは打って変わりブルジョワ感満載。浜辺には横幅7mほどの板張りのレ·プラシュ(遊歩道)が延々と続き、アメリカ映画祭に招かれた映画スターの名が記された、モダンなグリーンの更衣室のキャビンが立ち並ぶ。さっきから、プティトラン[※2]でかかっていた映画「男と女」のダバダバダー……♪がずっと頭の中をまわっている。

※1 1900年代に建てられたストラスブルジェ家の木骨組みの美しい邸宅。

※2 蒸気機関車形の観光周遊ミニバス。

Pomme

ポム

ノルマンディーと言えば、ポム(りんご)! 秋のノルマンディーでりんご三昧を楽しんだ。トルヴィルに到着しアパートへと向かう途中、町の小さなブーランジュリー、メゾン・エリーに立ち寄った。ショーウインドウから顔を覗かせるのは、素朴で素敵な茶色のケーキ。数は少ない。この悪天候でもご近所さんが足を運ぶのかも。これは期待が持てる。雨に濡れたリュックを先客のマダムに当てないよう手に持ち、「ボンジュー」と扉を開けた。先客のマダムは私を見て微笑んだが、店の今時フランスギャルのマドモワゼルは、シャイなのか年頃なのか少しツンとしている。りんごタルト、りんごのクランブルタルト、りんごパイ、りんごのフラン、まだある……目が迷う。「お決まりですか?」とせっつかれたので、機嫌を損ねぬようりんごのタルトと珍しいリ・オ・レ風のケーキを買いアパートへ。最上階の4階のアパートからは、トルヴィルの素朴な港の町並みと丘上の家々まで見渡せた。到着の一杯は後程にして、まずは温かい紅茶とりんごタルトで英気を養おう。

さて、タルトは底もよく焼ききっている。こうでなきゃサクッとはいかない。フォークを横に倒し少し力を入れて切り分け、口に入れる。お〜っ、この懐かしいりんごの酸味! 酸味とは言え、ただ酸っぱいのではない。爽やかな甘酸っぱさ。芳醇なバターが香るタルト生地、焼かれた薄切りりんごの下は滑らかで味わい深いりんごのピューレ。砂糖は控えめでりんごの味が活きる。日本の蜜深いりんごを好きな人には、酸っぱ〜となるかもしれないが、私は大好きだ。今の日本は、フランスの料理もスイーツも豊富。でもりんごやそのスイーツは、現地でないと滅多に食べられないので、私をフランスに行きたいと思わせてくれる。これを皮切りに、色々な種類のりんご※を味わい、ギャルマドモワゼルの店に4日間通い、おそらく全てのりんごのケーキを制覇した(主に朝食で)。最終日こそは、気を許した笑顔が見たいと意気込み入るが、「ボンジュ〜」と温かな優しい声が……ギャルマドモワゼルのお姉ちゃんかも。腕の素敵なタトゥーにギャルの名残がある。滞在最後のケーキを注文すると、箱に入れ(初めて!)手早く赤いリボンを結び、「ボンヌジョフネ〜」と言ってくれた。拍子抜けだ(笑)。妹ちゃんマドモワゼルは、カウンター奥でちょっとふくれっ面をしながらも、手はしっ

※ この時期、市場やスーパーでは8〜10種類ほど並ぶ。

かりと動かしている。なんだか姉妹らしくてよいなぁと、一人微笑みながらアパートへ帰った。

りんごは、りんごとそのスイーツだけではない（笑）。シードルや姉妹品（勝手に）の洋梨のシードルのポワレも含め、アパートで夜は勿論のこと、朝はジュース代わりに起き抜けの一杯を身体に染み込ませた。幸せだなぁ……ノルマンディー（ジュラもブルゴーニュも目覚めの一杯はテロワール酒だったが）。料理にも使用した。魚マルシェで好物のムール貝とビュロを買うと、おっちゃんムッシューが勢いよくバケツにムールをスコップで流し込む。食べきれるか不安で、7分目くらいでもう充分です！ と伝えると、おっちゃんムッシューはニヤリと更にムールを流し込み最後には両手でムールをすくい乗せ、日本昔話のてんこ盛りごはんのようになってしまった（ちなみに値段は同じ）。ムール好きにはありがたいが、念の為初日は全部のムールをシードル蒸しにし、翌日は残りにノルマンディーの濃厚な生クリームと米を加えリゾットに。どちらもムールの甘みと旨みでおいしいこと！ ムールのタウリン効果であろうか、翌日は元気がみなぎった。食べきれなかったりんごは、シードルを加えコンポートにした。色々な種類のりんごのマリアージュで生クリームと共にクレープで味わったら、夢のようなおいしさであった。

Savignac サヴィニャック巡り

晩年にトルヴィルに移り住んだサヴィニャック。ゆかりの地では今なお愛されて。

まずは「ボンジュー！」と。観光局の皆さんと。地図を頂きましょう。

観光局内にある小さなミュゼでムッシューサヴィニャックにご対面！

海岸とは反対方面に坂を少し上ると月男。町を見守っているよう。

カラフルなコロンバージュの住宅街を抜けさらに上ると小学校。

坂を下り商店街へ。近くのアクセサリー店にも看板あり。

サヴィニャック遊歩道と名付けられたビーチ沿いには沢山の作品。

オテル·フロベールのバーでの一杯がムッシューサヴィニャックのお気に入り。

ビーチのそばのスタンドで揚げたてのフリッツ。うっかり落としたソーセージ。

Pont-l'Évêque

ポン・レヴェック

トルヴィル駅からひと駅のポン・レヴェック駅へ移動。車掌さんマダムに「デジャ(もう〈降りるの〉)?」と笑って声をかけられたので、「ウィー、セ・パ・ロワン(ええ、遠くなかったわ)」と笑って返した。8分前にカモメが鳴いていたのに今度はモォ〜と牛が鳴く。この声を聞き、ノルマンディー名産のポン・レヴェックチーズへの期待が高まった。小さな広場のマルシェでは、私の親の世代の人たちが、籠を手に和気あいあいと買い物をしている。通りには小さな繁華街。木骨がえんじやペールグリーンで塗られた古いコロンバージュの店や家は、太縞ストライプシャツのようで愛らしい。今でこそ穏やかな雰囲気だが、第二次世界対戦で大破した村の1つ。ノルマンディー人のご先祖はバイキングだというが、その粘り強く剛健な魂でこの村を復興させたのだろう。当時の写真を村の至る所で見ることが出来る。昼は宿泊するホテルのマダムお勧めの、歴史のある小さなレストラン、ル・ヴォウセルに行った。昔のセピア色の写真には、すらっとして髪をふんわり結わえ、立ち襟のシャツに巻きスカートのマダム2人が微笑んでいる。店内はスマートで快活なマダムとムッシューの温かい接客のもと、地元のご年配客で賑わう。本日のメニューから、ポン・レベックチーズのベニエ(揚げ物)生ハム添え、メインは豚の頬肉シードルソース、デセールはラム酒が利いたババ[※1]、農家特製のシードルも忘れず注文した。ベニエは、きつね色でカリカリの薄衣。舌の火傷は小さな勲章だとばかりに、揚げたてに勢いよくナイフを刺し込む。とろ〜っとクリーム色のポン・レヴェックが流れ出てしまう前に、急いで口に入れた。夫から、このチーズは少しクセがあるかもと聞いていたが、全くもってマイルド! クリーミーで、生ハムを絡めるともう堪らない! 琥珀色のやや辛口シードルがよく合う。ノルマンディーのチーズにはりんごの酒がやはり合うんだなぁと、この地でもテロワールを実感できた。

大満足の昼食を経て、1821年からカルヴァドスを作る老舗会社のペール・マグノワールのミュージアムを訪れた。ここでは、ノルマンディー人の歴史やカルヴァドスの生産工程などを、効果音や光の演出が素晴らしい体験型映像で楽しめ、試飲も出来る。私1人だったので、日本語解説を流して頂けた。カルヴァドスは発酵させたりんご果汁を蒸留させ、木樽で熟成させたブランデー。樽

※1 ラムシロップに浸したブリオッシュケーキ

の木の種類や内面の焦がし具合などで味わいに変化をつける。その為、樽を焦がす専門の職人もいる。樽で熟成されると60%のアルコールが飛びまろやかな味わいになるが、失ったアルコールに対する「天使の分け前」という素敵な言葉もある。さぁ、お待ちかねの試飲！ でも実は映像を観ているときからドキドキであった。何故って客は私1人。しかも案内スタッフは、中学の生活指導の先生のようながっちりしたドイツ人ムッシュー。お互いに妙な緊張感のもと、1対1の授業が始まる。先生ムッシューは微笑まず、真剣にカルヴァドスの特級の違いや味の違いを、フランス語できそこないの生徒に極力易しい言葉で説明をし、試飲を勧める。そして感想を私に求める。ドイツ人の真面目な気質たっぷりで、飲んだ気がしない（笑）。でも、アルコール40度のカルヴァドスに助けられ、頑張ってバニラ、柔らか、香ばしい、などの単語を振り絞る。先生はその感想の答えを静かに聞き、じゃあ次は……と1種類ずつ続く。ペイ・ドージュ地域のリズゥ産のりんごのみで作られたものは、品質が高い。カルヴァドスの味の違いがこんなにあるのかと感嘆した。最後に先生は、私に何が一番好みだったか尋ねた。初心者の私は、リズゥ産のりんごの12年ものV・S・O・Pがりんごの香りもよくキャラメル感も上品でおいしく感じたと伝えると、先生は「まだひよっこだな」と言わんばかりの顔。どれがお好きですかと質問を返したら、先生は、ここで初めてニヤリとして、飾りかと思うほど高い場所にあるりんごの木が彫られた美しいボトルをカウンターに下げ、これだね！ と言い、ちょっと味を見てみるかい?とグラスに注いでくれた。真面目に授業を受けたので特別ご褒美だ（笑）。リズゥ産のりんごで、創業者に敬意をこめて造られたX・O。「あっ、多い」とグラスからボトルに返すところも律儀だ。それもそのはず、後でブッティクで値段を見た

ら、154ユーロ(約24,000円。当時のレート)。金色にブロンズが混じった輝きのある色で、芳醇なりんごの香りに蜂蜜や素焼きアーモンドの香りが混じり合い、余韻が長い。素晴らしい授業をして頂いた先生ムッシューに深々とお礼を伝え、小瓶を買いミュージアムを後にした。緊張が解けてヘトヘトッとなる。帰り道で、たわわに実る青リンゴの木や、小川沿いの赤い小さな実をつける木々に癒され、ホテルに戻る前に村の小さなカフェに入った。ポモー※2を注文し、目が合うと微笑んでくれるご年配マダム、ムッシューに見守られ、甘いりんごの酒をゆっくり味わった。今晩の宿は、コロンバージュのイレテ・ユヌ・フォワ。雑誌、エル・デコに登場しそうな、ナチュラルとモダンに可愛いスパイスが入った今のフランス人女性好みのお洒落なインテリア。

安眠し、翌朝は近くの牧場の鶏の声で目覚めた。バルコニーに出ると、薄い藍色の空にイヤリングのような細い白い三日月が残っていた。屋根上を見上げると、猫。これはノルマンディー特有の陶器の屋根飾りだ。お楽しみの朝食！マダムステファニーの素敵な世界観が詰まったサロンで、おいしい朝食をいただく。銀のカラトリーも素敵で、ステファニーお手製のクレープはもっちりしていておいしい。外皮がフリルのように波打ったポン・レヴェックも出してくれた。小さな気泡が入り、しっとりとしたフレッシュな断面。口に入れると、昨日同様まろやかだ。塩気も穏やか。ステファニー曰く、カマンベールのように強くないから朝食には最適よ！ と。これならバゲットにのせて食べたい。留学時、ホームステイ先で大学生の息子さんが、バゲットに青カビチーズとジャムをのせておいしそうに食べていたっけ。長い年月がかかったが、いざ！ う〜ん、まったり甘い無花果ジャムとポンレヴェックバゲット、これは堪らない……。シードルくださ〜い！

※2 りんご果汁にカルヴァドスをブレンドし樽で貯蔵した甘口の酒。

Cathédrale de Rouen

ルーアン大聖堂

ポン·レヴェック駅からTERでルーアン駅へ。途中、ペイ·ドージュのリズゥ駅の乗り換えで、2時間ほど時間があったので、何かのご縁と思い、フランスカトリック宗派第二の聖地、聖テレーズ大聖堂を訪れた。映画「エディット·ピアフ」で、ピアフが幼少の頃目が見えなくなり連れられて来たのが聖テレーズのお墓。その後視力を回復したシーンが印象に残っている。白亜の城のような聖堂は天井が高く、朱や青色まじりの宗教壁画が美しく、静かに灯されるキャンドルの数に、ルルドのようにここに深い祈りを捧げに遠くから訪れる信者さんが多いことを感じた。

ルーアン大聖堂の近くから建物の一部分が目に入ると息を呑んだ。うす鼠色の空にぐんとせまるゴシック建築の両脇の2本の塔の高さにも驚くが、なによりも石で編まれたレースのような繊細なレリーフの施しが、感動の美しさ。幻想的な砂糖細工のようにも見える。モネが時間をかけ、沢山のこの聖堂の絵を描いてきたことに納得だ。聖堂内にも細やかなレリーフが多く、時間があっという間に過ぎていく。一日ルーアンのカモメになったら、空からこの大聖堂を隅々まで眺めてみたい。

Tripes au Calvados

フランスのモツ煮込み

ルーアンでは、ノルマンディー特有の通り雨の洗礼を受けた。雨降りパラソルの下でレインコートでBBQをする「ノルマンディー式BBQ」と書かれたTシャツもあるほど地元の人は慣れっこで、よほどの雨でない限り傘はささない。軽い通り雨ごとに傘をさし直していては、ため息も出る。秋旅は出発前に天気予報を確認して、撥水加工のあるフード付きのコートを選んだ。うす暗い空の下、昔の面影がよく残る旧市街は少し迫力も感じる。古いコロンバージュの建物は2階からせり広がる。これは昔、敷地面積にかかる税金を少しでも抑えようと、2階から大胆に広げた名残。木骨だからか、目の錯覚を覚えるような歪みが出た建物も見かける。美しい14世紀の大時計台下では、アコーディオンも奏でられていて町歩きはとても楽しい。バイキング船底が逆さまになったようなジャンヌ・ダルク教会のそばで、マドモワゼルジャンヌ・ダルクが火炙りの処刑をされた。天気も相まり重々しい空気に包まれていたが、教会内は木の造り

でステンドグラスにも小さな光が届き神秘的な温かさを感じた。ただ、入り口前に物乞いのムッシューが、まるで入場料をお願い的に帽子を賽銭箱代わりにして立っている。表情はにこやかだが、これを見て入れない人もいる。教会を出る時に、トイレ用にポケットに入っていた小銭の中から0.5ユーロを入れるとぎょっと驚き、「セ・パ・ヴレー（嘘でしょ）」と文句を言いたいようだ（笑）。このユーロ高にバックパッカーの小さな厚意を踏みにじるでないと、私も負けずと目をぎょっとさせようと思ったが、立ち会っている暇はない。すぐ隣の閉店間際のアレット・デュ・ヴュー市場に入った。小さな市場を回ると、ブッシュリーでりんご型の陶器の器に入ったパテが目に入った。あら面白そう、とお兄ちゃんムッシューに挨拶をして少量をお願いすると、さすが今時のお兄ちゃん、いい感じの薄切りに。これが貫禄肉屋ムッシューの手にかかると、「ノンノン、マダム、もっと厚くいかないとおいしさは分からないよ！」と言われそうだ（確かではあるが）。別の店ではおいしそうな鵞鳥のリエットも買い、市場そばのブーランジュリーが偶然M.O.F.※の店マ・ブーランジュリーだったのでバゲットとりんごのタルトを買い、スーパーでカーン名物のトリップのカルヴァドス煮の小さめの惣菜瓶を見つけた。トリップコンクールでグランプリ受賞！ 材料は牛トリップ、人参、玉ねぎ、カルヴァドス、白ワイン、水、塩、胡椒で添加物なし！ 肉の量は76%！期待が高まる。辛口シードルが合いそうだ。1日目の夜は移動疲れもあり、さくっとパテ、リエット、ラディッシュとバターのアペロ風で。りんごのパテはレバーが入って少し甘じょっぱくおいしい。ツブツブりんごが時おりシャキシャキして楽しい。鵞鳥のリエットは、滑らかで脂も軽く塩みも程好く酒のあてには申し分ない。バゲットにナイフを入れると、バリバリ音がする。湿気を帯びる天候なのに、M.O.F.の威力よ……。外はとても香ばしく中もっちり。子供の頃に食べた火鉢で焼かれた餅を思い出した。おいしいものを口にすると疲れも柔らぐ。その日の夜は、口当たりの軽いコート・デュ・ローヌの赤の小瓶と一緒に楽しんでいたが、パテやリエットは、1人で食べるより食いしんぼう仲間と、「やっぱり進んじゃうよね〜」と言いながら手をのばしバゲットにもりっとのせたい。そしてグビグビワインを飲んで、「（ボトルを）空けたねぇ」とお約束の言葉で締めたい。ついルーアンの空模様のようにしっとりしてしまった。旅も終盤、少し人恋しかったのかもしれない。

翌日はルーアン大聖堂を訪れ、メゾン・ヴァトリエでりんごのケーキの食べ納めに、ルーアン・パリと名付けられたバニラクリームとキャラメルとりんごを組み合わせたケーキ、りんごのフィナンシェ、ショーソン・オ・ポムを買った。昼は町外

※ フランス国家最優秀職人章のフランス語の略称。

れのビストロへ。近所で働く常連さんでいっぱいの温かいビストロで、マスタードソースがしみしみの豚のフィレ・ミニョン（ヒレ肉）ソテーをいただき、ルーアン美術館でモネのルーアン大聖堂をゆっくり眺めた。モネは色々な時間帯の大聖堂を描いた。モネのように、いつかあの繊細な聖堂が様々な光を受けて変わる様を実際に見てみたい。さぁ、今宵はさよならノルマンディーナイト！ この秋旅でジュラと共に、ノルマンディーにも心を揺り動かされた。甘酸っぱいりんごの気分に引っ張られないよう、トリップ瓶を湯煎にかけよう！ 頑丈な蓋のこじ開けで、乙女なメランコリーは飛んでしまった。温まるとムンムンとモツの香りが漂ってきた。食べてみると、モツの旨みと独特の香りがスープにもぎゅっと閉じ込められている。モツが苦手な人は厳しいかもしれない。後味は不思議なことにほのかにフルーティー。カルヴァドスの底力！ モツもむぎゅっとよい弾力。辛口シードルもりんごの味わいが凝縮され、よい渋み。これくらいしっかりした方が、このトリップにはよく合うのだ。逆に辛口シードル以外だと何が合うんだろう。ビール？ でもそうすると、フルーティーさが味わえない。トリップもスープも、しょっぱみがありシードルも進む（塩辛い感じではない）。そして……ここにちゃぽ〜んと固めの茹で玉子を入れるのだ。染み込むよう半割りを。おっちゃ〜ん！ と呼ばれてもよいのだ。私の愛しいゆで卵がゆっくりトリップスープに浸かってゆく。カーンのムッシュー達が見たらなんて言うだろうか？ ほどよく浸かったゆで卵は、ひと口でパクッとはいかない。しゃっくりが出て止まらないから、品よく2口で。ムッフッフッー、こりゃムッシュー、ジャポン（日本）のもつ煮ですよ〜。どなたか、ちょいとシードルの熱燗をつけて〜。

Carbonnade Flamande

カルボナード・フラマンド

いよいよ秋旅ルート最終地、フランス最北端リールに到着！ お隣はベルギー、英仏海峡トンネルでイギリスも近い。新宿のように駅からすぐ繁華街。人々はスラッと背が高く顔も小さい。イギリス人も多いかも。町も背の高いフランドル様式の建物が多く、ベルギー建築のようなデコラティブさや、イギリスの煉瓦っぽさもあり独特。グランプラス広場は17〜20世紀の建物が並び、オペラ座や美しい旧証券取引所がある。そばには高い鐘楼がある商工会議所もあったが、入り口で先生と小学生で40人ほどの列になっていたのであきらめ、石畳の旧市街へ。お洒落なブティックや、パリに支店もあるゴーフレットのメールもある。女子散歩には良いが、私はリール大聖堂へ。知らない土地の教会も訪れたい。ホッと小さな心休めにもなる。モダンな入り口側は、修復中かと勘違いするほど太いワイヤーが取り付けられ、中はゴシック様式の見事なステンドグラスにバラ窓もあり、ジャンヌ・ダルク礼拝堂もある。正午に近いので、リール名物料理、カルボナード・フラマンド（フランドル地方[※1]の黒ビールの牛煮込み）を食べに行こうと、雰囲気が良いブラッスリー・ラ・シコレに入った。1階は満席で2階に通され、そこを仕切るマダムは1人客と分かると少し顔つきが変わったが、そ知らぬ顔で奥の席についた。幸い担当のマダムは穏やかそう。ひとりで40人の客を担当する。これは大変、急がせてはならない。フランスの

※1 ベルギーと北フランスにまたがる地方。ちなみにカルボナードとは仏語の石炭に由来、鍋を石炭で加熱していた。

飲食店はゆっくり食を楽しむ場所という認識がある。手招きはマナー違反。目があった時に目配せすると良い。外は寒いが、リールならビールで祝杯！ 前の席のビールが、種類はわからないがおいしそう！ マダムが目配り上手で早く注文を取りに来てくれた。カルボナードと、あのムッシューのビールをと伝えると、マダムはさっと顔をあげ確認し、「○○○○ね！（聞き取れない）」とクスっと笑い戻っていった。ムッシューの大きな背で見えなかったが、運ばれたのはなんとブタさんグラスに入ったビール！ グラス首にもコブタが……可愛い。ベルギーのビールで、黄金色で口当たりがよく、丸みがある。でも喉を通ると強いアルコールを感じる。ほどなくして「ボナペティー！」と、ストウブの鋳鉄皿でどんとカルボナードが運ばれた。リールっ子の大好きなフリッツも！ 煮込みの上には薄切りパン・ド・エピス。へえ〜不思議。ベルギーでもこのお菓子は食べるからリールで見ても不思議ではないが、煮込みにも混ざっている。きっとフラマンド風とはそういうことなのか。大きな塊の牛肉がゴロッとしている。モワッと甘いスパイスの香り。肉はホロッとほぐれる。黒ビールの風味、水は入っていないから濃厚！ 黒ビールの甘みに豚バラベーコンの甘み、パン・ド・エピスの蜂蜜の甘み、カソナード[※2]の甘みといった甘み尽くしにアニスとクローブがよく利いて、おいしいがパンチもある。私の煮込みなんて、この濃厚さからしたらひよっこだ。フリッツもおいしいが、N・S・Gのルーティエのような名脇役感はない。寒かったこともあり、始めは甘めの煮込みが進んだが、食べても食べてもまだまだある。リールの人は完食してデセールもペロリといくのか、負けそう。マダムに「とてもおいしいのに、ゴールにたどり着けなかったわ、ごめんなさい！」と伝えると、「そうよね、分かるわ（この量だものね）！」と言ってくれた。デカと会計を頼み、「ありがとう！ あなたはとても親切ね」と伝えると、「ええ、知ってるわ。私は親切なのよ」とクスッと笑った。「あらっ、もう知ってたのね！」と切り返したかったが、如何せん、お腹が苦しくて言葉がもう出ない。

リールで優しい素敵な目配りマダムとカルボナードに出会えて、本当に良かった。はち切れんばかりのお腹なのに、この後に驚異的な別腹出現で、リールでしか味わえないワッフルとフリッツ専門店でフリッツを食べ、ビールを流し込んだことはまたいつか……。

※2 サトウキビ液を結晶化させた赤砂糖。バニラのような甘い香り、コク深い甘さ。

LISSAC
24
25
D 974
DIJON 22
GEVREY-CHAMBERTIN 11
Z.A.E. LES TERRES D'OR 11
VOSNE-ROMANÉE 2,5
CLOS DE VOUGEOT
Route des
Grands Crus
RÉGION
SOLES
3 pour 18,00
4 Pour 20,00
SOLES
Soles
de Trouville

RÉGION
BOURGOGNE
FRANCHE
COMTÉ

冬旅の章

Bon appétit Madame

Voyage d'Hiver

Auvergne-Rhône-Alpes

Grand Est

Île-de-France

Lyon, Annecy, Colmar,
Ribeauvillé, Eichhoffen, Saint-Hippolyte,
Nancy, Paris

オーヴェルニュ=ローヌ=アルプ地域圏

グラン・テスト地域圏

イル=ド=フランス地域圏

page 090-129

Gourmand

リヨンの食いしんぼう

またもや、パリから移動のTGVに乗り損ねた。惜しくも今回は改札扉が閉じられた1分後の到着。惜しい……。同じ境遇の乗客が6人、アプリの列車チケットを見せ、改札係のムッシュー達に楯突いている。1人のムッシューが改札強行突破を試みたが、失敗に終わった。昔のフランスなら……とつい、口に出そうだが飲み込んだ。テロ対策も兼ねているのだろう。黒星を抱え、フランスの第二都市、リヨンへ遅れて到着。TGVチケットを買い直したので節約に努めたいが、疲れはピーク。リヨン・パール・デュー駅からタクシーに乗り、滞在先のクロワ・ルース地区まで移動。タクシーの運転手ムッシューは感じがよい。このまま20分ほどボーッと車窓を眺めようと思ったら、ムッシューの観光案内が始まり、「ポール・ボキューズ※は知ってるかい?」と訊かれた。「ええ、偉大なシェフですよね！」と返すと、リヨンっ子の食いしんぼう魂に火がついた。好きなフランス料理を訊かれ、ステーキ&フリッツ！とは言えず、ブッフ・ブルギニョンと答えると、「あの料理はね、火入れがポイントだよ……」と、料理番組のシェフよろしく解説が始まり、最前列で番組観覧を楽しむが如く、私は身を乗り出していた。ムッシューは熱弁で道を間違え何度も謝り、次回は空港でも迎えに行くよ、と名入れボールペンをくれた。次回の食いしんぼう談義、どんな料理話が聞けるか楽しみだ。

※ 現代フランス料理の礎を築いたフランス料理界の巨匠。

Mâchon

ブションのマション

美食の都リヨンは、頭･羽付きのブレス鶏を始めとする高級な地域生産品が並ぶポール･ボギューズ市場を筆頭に、質の高い小売店がひしめき合う。モノプリの肉コーナーも、品質が他都市より飛び抜けて良く驚いたほど。この地には居酒屋食堂『ブション』があり、リヨンのメール（母）が作るリヨンの郷土料理を味わえるが、今は現役メールは少ないそうだ。ブションでは、マションという朝食の伝統が残っている。かつて中世に絹織物産業で栄え、カニュ（絹織物職人）が夜勤明けにブションで、酒と共に郷土料理で腹を満たしたそうだ。今では数少ないが、マションを楽しめるブションがある。リヨンでは、この体験を何よりも楽しみにしていた。9時に始まるマションの前に、アパートのあるクロワ･ルースを散歩した。今朝は-1℃、風がなくダウンを着ていれば体感温度はさほどではない。頬に当たる冷たい空気で冬の朝を体感。大きな建物一面に多くの建物とそこを歩く人々の日常が描かれた騙し絵は、迫力があり面白い。リヨン名物の1つで、1987年から世相に合わせて描き直されている。この素晴らしいアートとは裏腹に、町の至るところに落書きが……中世やルネッサンスの建造物が現役で残る美しい町が汚され勿体ない。丘からはソーヌ川を挟み、遠くの山からの静かな朝焼けが望める。町並みを楽しみながら坂道を下りどんどん進み、お目当てのブション、シェ･ジョルジュに到着。えんじ色のファサード下の磨りガラスから温かい灯りが溢れている。1960年創業の店の扉には数々のステッカーやワインのポスターが貼られ、胸が高鳴った。「ボンジュー！」と扉を開けると、私は一番客だった。背の高い眼鏡のムッシューが、朗らかに歓迎してくれた。窓際の2人席に座り店を見渡すと、手前には4人席が2つ、反対には長テーブルとえんじ色のビストロソファー。どのテーブルも赤白チェックに黒いステッチ入りのクロスがかけられ、上には白いペーパー、小さなワイングラス2個。クロスとお揃いのナフキンには店名の刺繍が施され、左右にカトラリーが品のよい佇まいを見せている。大きな鏡には本日のデセールが白マジックで記され、壁にはメニューが書かれた黒板や銅鍋、古いポスターなど。映画「ミッドナイト･イン･パリ」で主人公ギルが1920年にタイムスリップした時と同じような気持ちを味わっていると、4人のムッシューが賑やかに入店してきた。以

前、テレビでフランスの中年ムッシュー達が、仲間と集う(男性だけの)秘密の小屋で、狩りで捕らえた鳥獣を一緒に料理して持ちよりの自慢のワインを満喫する映像を見たが、まさにそんな雰囲気を醸し出したおっちゃんムッシュー会。マション道、ほやほやの私は、おっちゃん達に弟子入りを乞うが如く丁寧に挨拶。それが功を奏したのか、一期一会の楽しいマションの幕が開いた。店の眼鏡のムッシューが、笑顔で「グラトンだよ!」と運んできたのは、豚の皮や脂身をラードで揚焼きしたもの。カリカリで、日本の居酒屋の鶏皮揚げのようにクセになる。そして、ボジョレーの赤、モルゴン250mlが、なんとブション特有の

ガラス瓶ポ･リヨネ※と同じ形状の小瓶に入って出てきた！ 普通のボトルと違い、瓶底がとても厚い。フルボトルサイズしかないと思っていたので、飲む前から小躍りしたくなるほどテンションが上がった。ムッシュー会と一緒にグラスを持ち上げ、「サンテ！」と乾杯。モルゴンは柔らかな口当たり、渋味も上品で朝飲むにはちょうど良いかもしれない（笑）。前菜の豚のノワゼット入りパテが登場！ 小瓶のピクルス付き。店の眼鏡のムッシューにメインの希望を訊かれた。メニューにはシェフの気まぐれと書かれていたので、何が頂けるか訊いてみると、「アンドゥイエット（内臓ソーセージ）、タブリエ･ド･サプールに……」「わっ！ タブリエ･ド･サプールお願いします！」と、選択肢を全て訊くまでに待てずに注文した。すごーく気になっていたのだ。この料理は、白ワインやマスタードでマリネした牛の胃袋に溶き卵とパン粉をつけ揚げたもの。タブリエとはフランス語でエプロンを意味する。この料理を編み出した工兵のエプロンの柄が蜂の巣模様に似ていたのが名の由来とか。幸運が2度も舞い込み、パテの味も2倍おいしく感じる。粗く砕いたノワゼットの甘みと香ばしい風味が豚肉によく合い、ほのかな酸味のカンパーニュにのせて食べるとワインが進みすぎてしまう。ムッシュー会では、1人ずつ感想を述べ合っている。サラダのドレッシングはエシャロットだね、とか、辛味がよいね、などなど。皿が下げられると、眼鏡のムッシューに口々においしかったよ！と忘れずに伝える。素敵な光景だ。厨房からパチパチと揚げものの音が…… 私のエプロンは間もなくやって来るに違

※ ブションで使われる伝統的な上げ底のワインボトル、容量は460ml。ちなみに250mlのボトルは、フィットと呼ばれる。

いない。先に、ムッシュー会のアンドゥイエットのグラタンが運ばれた。4人お揃いだ。「ボナペティー！」と声をかけると、一斉に「メッシー！」と返ってくる。そして熱々をおいしそうに食べ、グビッと赤を流し込み、上機嫌にふぉっふぉっと笑い、おしゃべりも止まらない。前日のタクシーのムッシューもだが、食べることにこんなにも貪欲で情熱を注ぐ料理人以外のフランス人に出会ったのはリヨンが初めてだ。感心していると、大きな私のエプロンがやって来た！ 眼鏡のムッシューとムッシュー会の「ボナペティー！」付きで。私の手のひら2個分に近い大きさ。綺麗なきつね色。ナイフを入れると、サクッと音がした。つけ添えのさっぱり風味のタルタルソースをのせてパクッと！ 口の中で、カリッ、プニッ、プニと牛の胃袋が跳ね返る。臭みは全くなく、噛んでいるとモツ特有の甘みが広がる。おいしいが凄まじいパンチ力！ 試合インターバルはつけ添えの小ジャガのオーブン焼き。芯までしっとり、甘くておいしいが、どう見ても3人分はあろうか。数えたら30個あった。アンドゥイエットを満足げに平らげたムッシュー達は、口々に「ブラボー！ シェフ！」と賛辞をそばの厨房のシェフに伝える。すぐに私も見習う。そしてフロマージュ。ムッシュー会はマンステールチーズとセルヴェル・ド・カニュが半々。私は食べてみたかったカニュを頼んだ。訳して「絹織物職人の脳みそ」。ちょっとおどろおどろしい。フロマージュブランに刻んだニンニ

ク、エシャロット、シブレット、塩が入ったトロッとした口当たりでパンにつけるとよいあてになるが、お腹のすき間はとうにない。ムッシュー会のおっちゃん達は大きなスプーンでペロリと平らげている。「ブラボー！　おっちゃん！」と心の中で賛辞をお贈りした。そしてマションは濃いカフェ（リヨンのプラリネローズ付き）でキリッと〆られるはずだが、ムッシュー会では食後酒なるものを注文している。新入りは体調が整っていれば何でも臆せず体験してみることを信条にしている。右に倣えで、私はアルザスの果実、ミラベルの蒸留酒を注文した。これには、おっちゃんムッシュー達も、あんたやるねぇと言わんばかりに、口々に「ブラボー！」「紛れもないフランス人！」と賛辞を私に贈ってくれた。質のよい蒸留酒は食後に飲むと胃をすっきりさせてくれる効果があるらしい。ミラベルの香りも高く、確かに悪酔いもなかった。ムッシュー会は、さらなる〆でスクラッチくじを楽しんでいる。みんなでこすってはハズレて大笑い。朝からリヨンでモツかつを食べ、おっちゃんムッシュー達とモルゴンをグビッとする。マションという伝統を紡いでくれたカニュには心から感謝したい。

Pralines roses

プラリーヌローズ

クロワ・ルース地区はかつて絹織物職人の工房があり、織機を置くため建物の天井は高く、織物を雨に濡らさず運ぶため、トラブール※も多く残っている。リヨンっ子の暮らしを垣間見ることができる活気のある商店街や小さな広場周りには、カフェにビストロ、季節柄ノエルのサパン（もみの木）の露店も出ていた。

※ 建物の間を通りぬけられる建物内にある隠し通路。旧市街とクロワ・ルース地区に合わせて500あると言われていて、一般公開されてる場所もある。

リヨン初日の夕方、商店街は家路に向かう人々の買い物で賑やかだ。目を泳がせ歩くと、満月のような大きくまんまるなローズ色（赤ピンク）のプラリネ入りブリオッシュが視界に飛び込んできた。大、小二つのサイズがあり、小でも私の手のひらの2つ分。プラリネは、月のクレーターにも見える。プラリーヌローズは、ローズ色に着色した糖衣されたローストアーモンド。これをふんだんに使用した真っ赤なタルトもリヨン名物だ。普段ならサイズ感で購入をあきらめそうだが、移動疲れで身体が非常に糖分を欲しているので、迷いなくM.O.F.の店プラリュの扉を開けた。スリムなお兄ちゃんムッシューが、軽やかな笑顔で「ボンソワー、マダム」と迎えてくれた。小サイズを注文すると、「こちらはお気に召しますか?」と手に取ったブリオッシュを見せてくれる。手作りだから多少の形の違いがあるが、愛嬌があってよい。「パッフェ（完璧よ）！　メルシー！」と伝えると、まんまるブリオッシュをいとも手早く包み細いリボンで結んでくれた。

時差ボケで熟睡ならずだったが、翌朝の腹時計は調子よい。まだ周りは寝静まっている6時のアパート、物音を響かせないように紅茶を淹れ、日が顔を覗かせる前にカットしたお月さまブリオッシュにかぶりついた。歯応えサクッとふんわり、中はしっとりと口当たりのよいメロンパンのような食感だ。口の中でバターの香りが広がる。甘くて香ばしいプラリネは中まで贅沢にぎっしり。ダージリンティーを飲むと、ミルキーな甘みをより感じる。やはりバターたっぷりお菓子は紅茶がよく合う。2口でもう虜になり、1/4カットをものの3分で平らげてしまった。もし今帰国するならリュックに詰められるだけ買い、日本で家族、友人みんなで一緒にローズ色のお月さまを頬張りたい。

Fondue Savoyarde

サヴォワフォンデュー

リヨンを発つ前に、アパートそばの昔ながらのカフェで朝食をとった。窓には葡萄柄のレースカーテン、昔ながらのカフェテーブルに朱色のチェアー。かつてのこのエリアを写したモノクロ写真やロックスターの写真も壁に貼られ、80年代USロックがかかるなか、ぷっくり三日月のマーガリンのクロワッサンや、でべそのマドレーヌをカフェオレに浸しながら食べた。通勤前の地元の人が一杯のカフェを求めて続々と入ってくる。マロン色の上品なボブヘアのマダムに、しっかり食べたから寒くても今日は元気に過ごせるわね！ と温かく背中を押してもらい、スイスの国境近くのアヌシーへ向かった。星の王子さま※1に別れを告げリヨン駅からTERに乗り、途中懐かしいブザンソンを通り、エクス・レ・バンで乗り換えて計2時間、白い木立の森の車窓を楽しんだ。ブールジェ湖地点では湖畔すれすれに列車が走り迫力があった。アヌシー駅を降り立つと雪帽子を被ったアルプスの山々が顔を出す。リヨンよりひんやりとして空気の甘いこと。旧市街とは反対側の深緑色の壁のシャーレー風アパートに荷物を置くと、さっそく旧市街へ繰り出した。流水の音が何処からともなく聞こえ音のする方へ石畳を歩いていくと、澄んだ青緑の水が勢いよく小さな町のティウー川や運河に流れている。運河の両岸には南仏やエストニアの町並みを思い起こさせるようなくすんだ若草、黄色、ピンク色の古い建物に、ノエルのサパンなど

※1 作者のアントワーヌ・ド・サン・テグジュペリはリヨン生まれ。生家が近くにあったベルクール広場には、二人で並んだ銅像がある。

の飾り付けが施されとても愛らしい。ちなみに建物はイタリア文化の影響を受け、1860年まではイタリアサルーディニャ王国であった。歩行者専用の橋も多く、アルプスのベニスと呼ばれる運河沿いを進むと、中洲にアヌシーガイドでよく目にするパレ・ド・リルがある。石壁にブルゴーニュ風の鱗屋根、とんがりの城壁塔のようなものあり小さな城にも見える。もともとは中世にジュネーブの伯爵の住まいとして建てられ(ちなみにフランス語でパレとは宮殿の意)、その後は牢獄や裁判所に様変わり、そして今は博物館として見学できる。実際、建物内の木製の扉はとても厚く、光が多く入らない小さな窓には鉄格子も多く、石壁には政権批判をし捕らえられた牢獄者の心の叫びが彫られてもいる。1ヶ所幽霊スポットが掲示されていたが、確かにその場にいると背中がゾクッとした。この中洲先端そばのペリエール橋からは、雄大なアルプスの山並みと大きなアヌシー湖がうっすら冬霧に包まれとても幻想的であった。そして橋やイタリア風白亜のサン・フランソワ・ド・サル教会付近ではマルシェ・ド・ノエル(クリスマスマーケット)が開かれ賑わっていた。山小屋を感じさせる木製の露店には半径40cmほどの大きな半円ラクレットチーズが熱せられ、マグマのように溶けだしたチーズが蒸気とともにもわっとした匂いをあたりを漂わせている。

夕暮れに入り連なる露店上にイルミネーションがつき、星の運河のようで優しく美しい。ヴァンショー(ホットワイン)の香りも鼻を擽りトロトロのラクレットチーズがかかったこんがりソーセージとの組み合わせにすごく惹かれるも、今夜は待望のチーズフォンデューを予約しているのだ。冬のアヌシーで冷えた身体で熱々のサヴォワチーズのフォンデューをハフハフと食べ、キリッとフルーティーな辛口のサヴォワワインを流し込む！ 秋のブザンソン旅のフォン・ドールの如く冬旅ルートを考えたときにも真っ先に頭に浮かんだ。平日だがアルボワの二の舞を演じてはならぬと、地元人気店ル・フレッティーを開店時刻一番に日本出発前に予約した。昔スイスのツェルマットでアルコール感極まるフォンデューを食べ、夫と無言になったことがある。一抹の不安を抱え店の扉を開けた。1974年創業だが最近改装されたようで、店内は少し北欧風なモダンナチュラルな雰囲気。ここでは地元のチーズはもちろんのこと、フランス地方チーズやモリーユ茸やセッ

プなどを組み合わせたフォンデュー(16種類ほど!)やラクレットなどを味わえる。テーブルを担当してくれたのは、まだあどけなさが少し残る甘い笑顔のお兄ちゃんムッシュー。私はチーズ初心者だ。予め夫に癖が強くないトムがいいよと勧められた。お兄ちゃんムッシューにもアドバイスをいただくと、クリーミーでお勧めと太鼓判を押してもらえた。今夜はフォンデュー・ア・ラ・トムとジャケールという品種のサヴォワ白ワインの250mlピシェに決めた。ハムの盛り合わせももちろんのこと注文した。先に店名とサパンがくり抜かれた可愛いフォンデュー鍋スタンドと角切りバゲットとサヴォワワインが運ばれた。バゲットは、乾燥させたものかさせないものかが、店により変わるそうだ。ここのはカリカリに乾燥させているから、チーズがからみやすいだろう。店内は続々とツーリストや地元の人で埋まっていく。おひとりさまは私を除いて1名、カップルや家族連れ、友人グループからは賑やかに会話が反響してきた。さてアヌシーの夜に乾杯! 柑橘の苦みと白い花の香りがフレッシュで、ミネラル感もあり爽やかな喉ごしでついキュッといっちゃいそうだが、我慢する間もなく長く使われ風合いが増した赤いル・クルーゼの片手鍋と、2人分ほどの生ハムやロースハムなど4種のハムの盛り合わせが顎髭がっちり山男風ムッシューにより運ばれてきた。山男ムッシューの手元にはマール・ド・サヴォワ※2が入ったミニミニ銅鍋。スタンド下のアルコールランプを着火させた。ル・クルーゼにはモンターニュ・ド・ラ・トム※3とサヴォワ白ワインが入りあらかじめ溶かされていて、これに山男ムッシューが点火しフランベしたマールを流し込むのだ。華やかな香りがさっと漂うと「ボナペティ!」と勝負のスタート合図! さぁここから右手で木ベラで絶えず鍋底をかき混ぜ続けないとならない。何故って? 火の加減はできないから手を休ませる

※2 サヴォワワインの搾りかすを蒸留させ造られたブランデーの一種。 ※3 サヴォワの山岳の標高700m以上で造られるセミハードタイプの乳牛チーズ。グレーのカビで覆われ円盤状。ナッツ風味な軽い口当たり滑らかな口どけ。

とあっという間に鍋底から焦げていくだろうから。パティシエール時代のクレームパティシエールやシュー生地作りを思い起こさせる。強火で勢いよく混ぜると生地が飛び出しアチチッとなるが、フォンデューならそこまで激しく混ぜる必要はない。左手で細長いフォンデューフォークでバゲットを刺し、ぐつぐつチーズ沼に潜らせる。フォークを持ち上げると、お〜ぉっ！ チーズの撮影シズルよろしく、滑らかに美しくのびるではないか！ ハフハフ、パクリ！ チーズ初心者の私は上手く表現できないが、日本のシュレッドチーズ（ピザチーズ）の5倍は濃厚！ トムの柔らかでまったりしたクリーミーさとマールのフランベで大変まろやか、角がない！ すごーくおいしいのだ!! でも余韻に浸っている時間は1秒もない。急いでワインを流し込み、お次は生ハムをくるっと丸めグツグツチーズ沼へダイブさせる！ フォンデュー生ハムよ……！ なんとボリューミーな味わい。ハムの塩気ですぐにワインを欲する。右手は常に木ベラで混ぜ続け、さっと手を離しナイフとフォークでハムを丸め具材を刺したら左手に持ち替える。ダイブ中も右手は休めてはいけない。撮影やメモなんて論外！ ひとりフォンデューがこんなにも過酷な戦いとは……己に負けるわけにはいかない。店内の2人客やグループ客に、あの東洋人マダムは何故落ち着きがないのかと思われているに違いない。時おり視線が刺さるが気にしない、いや気に掛けることもできないのだ。徐々にフォンデューの水分も飛びチーズはねっちり濃厚に。ハムとフォンデューを半分ほど平らげたところで火を消した。「地球に帰ります！」と誰かに伝えたいほど戦闘意欲の炎も小さな煙となり消えた。これをペロリと平らげる欧米の人とはパワーが違う。お見それしました！ お兄ちゃんムッシューが「サ エテ？」と様子を伺いに来てくれたので、「とてもおいしかったけどゴールにたどり着かなかったの！」と、リールを彷彿とさせるセリフで謝った。お兄ちゃんムッシュー、「わかるよ〜無理だよね（この量は）！」とハニーな甘い笑顔で私に言ってくれるではないか。アヌシーの花輪くんに出会ってしまったのだ。こんな息子がいたら……とお母さん気分になり優しい花輪くんの甘い言葉をデセールの甘いグラス（アイスクリーム）に繋げた。ラムレーズンバニラアイスとアプリコットのソルベ（シャーベット）を組み合わせる。緑レーズンにはラムがしっかり染み込みふっくらでアルプスの雪山のように白く濃厚なクリームの甘み、ソルベはジャムのようにぎゅっと果実が染み込みチーズ沼のお腹にはなんとも心地よい。笑顔一杯で花輪くんやお店の人たちにお礼を伝え店をあとにした。一歩外に出ると一段と冷え込む冬のアルプスの夜風が、まだフォンデューで熱を帯びた身体に気持ちよく吹き込んだ。

Biscuit de Savoie

ビスキュイ・ド・サヴォワ

時々小雨が降る中、アヌシー湖クルーズに参加した。湖上で吐く息は真っ白。白鳥は優雅に浮いているが水温は想像もつかぬ冷たさであろう。ダウンマフラーの恩恵にしかとあやかり船内でなくデッキ席にかけた。出港すると湖に波が立ち、デッキ奥のフランス国旗が勢いよくたなびくほどの風が頬を突き刺した。岩肌むき出しの山々に、かつてのサヴォワ公国の古城や大邸宅が小さく視界に入ってくる。どんどん進むとシャモニーやモンブランが大迫力で現れる。船内の人たちもデッキに出てきた。壮大な冬山の眺めだ。吹雪いた雪中ロケもあるので多少の寒さは慣れっこだが、現場では絶えず動いているので座って景色を眺めていると身体が凍てついていく。でも私には飲むカイロがある。そう、ヴァンショーもどきだ。アパートで飲んでいたサヴォワ白ワインにグラニュー糖とシナモンパウダーを入れ、風呂の湯温ほどに温めサーモボトルに入れてきた。蓋を開けるとふわーっとシナモンの香りの湯気が立つ。ゆっくりひと口飲むと身体の芯からじわじわ温まっていく。すっきりサヴォワワインに少しの砂糖とシナモンだけでも意外にいける。アルプスの雪化粧を眺めながらささやかだけど贅沢なひとときだった。

サヴォワ地方の菓子と言えば、ビスキュイ・ド・サヴォワ！ フランス地方菓子好きな人にも多く知られている。花形の軽い口当たりのスポンジ生地に粉砂糖が雪のように振りかけられた菓子。愛らしい見た目と、柔らかいメレンゲ生地を混ぜ込む練習にもなるので、お菓子教室でよくメニューに取り入れた。かなり昔にお茶のCMでオフィスがスイーツになってしまう設定での製作を担当した時に、円球のビスキュイ・ド・サヴォワにアイシングで地形と海を描き地球儀に見立てた。CM撮影では多めに準備するのだが、残ったビスキュイ・ド・サヴォワ地球をおいしそうに丸かじりするクライアントさんを見てほっこりしたのを思い出した。しかしまだ現地の本物を食べたことがない。今こそ答え合わせを！ 旧市街では容易に朝市やブーランジュリーで発見できた。昔ながらのブーランジュリー、マーミヨンはサーモンピンクの壁に大きなショーウインドウガラスと木の看板とドア。看板下に掛かるのは雪スプレーされた緑のサパンに綿の実が飾られたリース。ショーウインドウからラップに包まれたビスキュイ・ド・サヴォワがフカフカのクッションのように積み重なっている。となりには枕のような白いメレンゲ菓子も。「真の（伝統的な）ビスキュイ・ド・サヴォワ」の張り紙もあるから期待の高まりようといったら……。扉を開けるといかにもブーランジェ（パン職人）らしい細身のグレーヘアのムッシューがにこやかにてきぱきと販売をしていた。真のビスキュイ・ド・サヴォワと大きなサブレとサヴォワのルブロションチーズのタルトを満面の笑みで持ち帰った。肝心の答え合わせだが、マーミヨンの真のビスキュイ・ド・サヴォワと私のレシピのビスキュイ・ド・サヴォワの焼き色は同じだ。と言うことは、配合もあまり変わらないだろう（卵や砂糖の量が変わると焼き色も変わる）。ラップを開くとふわっと卵の香り、カットして指で触ると生地はしっとり、気泡もあり軽く押さえると弾力がある。頭からかじる、さっくりシャリシャリほんのり香ばしく甘みも穏やか。むぎゅっとした食感もあり、うん、おいしい！ 私のサヴォワと変わるのはこちらは型に砂糖をまぶして焼いている点ぐらいだろうか……。私もそれを真似っこして、真のビスキュイ・ド・サヴォワと銘打って友人に振る舞いたい。アパートの窓から雪の粉砂糖が降りかかった山を眺め、またかぶりついた。

Colmar

コルマールへ

冬旅にアルザスのコルマールを入れた。温かなデコレーションのマルシェ・ド・ノエル[※1]で飲むヴァンショーも、夏の日差しを浴びカラフルなコロンバージュの中庭で冷えたミュスカを飲むのも魅力的、要するに大好きな町だ。朝6時、まだ眠るアヌシーを出発。リュックには朝市のパンで作ったサヴォワのエメンタールチーズハムサンドとヴァンショーを。アヌシー駅から6時間半で到着。「小ヴェニス」の愛称の運河を望めるマダムマリーのアパートに滞在。奇しくも以前宿泊したホテルの隣で驚いたが、それ以上に驚愕したのは町に溢れる観光客。誠実で美しい笑顔のマリーと可愛い猫さま達の歓迎を受けさっそく出掛けるも、道を3歩進むに3分だ。勝手知ったるで裏道を行くも結局は混雑。ノエルの飾りも派手になり、蛍光色のネオンに思わず肩をすくめる。贔屓の店も変わったり予約で一杯、救いの手を差し伸べてくれたのは、ふらっと入れたカフェ・デ・マルシャンとマリーの思いやり。カフェがないカフェ(笑)ではムッシューパスカルとマダムの温かい歓迎でスパイスが染み込む豚のトゥルト[※2]をつまみアルザスワインにあやかり、どこも満席だからとマリーが誘ってくれた自宅での同僚との昼食会では口福にあずかった。翌朝、マリーと肩並べ眺めた運河は静けさを取り戻した懐かしいコルマールの風景だった。

※1 クリスマスマーケット。
※2 固めのパイ生地で覆われた肉のパイ。肉はワイン、スパイスでマリネされる。

Baeckeoffe

アルザスの煮込みベッコフ

予定していた宿泊先の都合で急遽リボーヴィレに1泊。コルマールから葡萄畑道をバスで走りコウノトリの里の小さな村に到着。以前夏に初めて訪れたとき、偶然見上げた消防署の屋根上の巣にコウノトリを発見し大変感動した。ワイン街道にある村なので、回りは丘陵の葡萄畑。アルザスワインの名産地でもある。朽ち果てた小さな城もあり噴水広場には昔のトノーが置かれ、16世紀の建物は柿色やブルーのコロンバージュで横に長く、瓦屋根や鱗屋根に石畳の小路。肉屋の塔※、ドメーヌやレストラン、バー、小売店が中心にあり、そばを小川が流れる素朴で美しく落ち着ける村なので長く身を置きたいが、前回に引き続き半日もない。予定した滞在ではないから仕方ないが、マルシェ・ド・ノエルは前日の週末限定で到着時は後片付け状態。中世のおとぎ話ムードたっぷりの空っぽの露店がこの美しい村にとても見事に合っていただけに、残念でならない。月曜日で休みの店も多いが、マルシェ・ド・ノエル巡りをする人々が通過点として立ち寄るので、ほどよく賑やかだ。

到着は正午過ぎ、ホテルに入る前に慌ててお目当ての郷土料理のベカ・オファ・シュタブの扉を開けた。10年ほど前、アルザス料理ベッコフが食べたくて夫と一緒に入った。コルマールのイラスト作家ムッシューハンジの絵皿が沢山飾られ、大きめの赤白チェックのテーブルクロス、天井には太い梁が張り出しアルザス模様が描かれた小さなレストラン。当時ベッコフのボリュームを知らず前菜を取り、完食出来ずデセールも食べ損ねた。今回は空腹と乾いた喉で準備万端！ 扉を開けると短髪で大柄、赤タートルのムッシューがにこやかに迎えてくれた。残り2テーブル、間に合った！ ムッシューはハスキーボイス

※ 中世の要塞で塔の横の肉屋が守衛していたとの説がある。

でアルザスなまりが特徴的。店内は照明などがモダンになったが大きく変わらない。客も大柄な人が多くドイツに近いことが実感できる。早速、注文したビールのクレマン・ダルザスが運ばれた。アルザスはドイツビールの消費量も多い。このビールも名前にアルザスとあるがストラスブールのすぐ北、ドイツで作られている。アルザスのクレマンをイメージしたのだろう、すっきりし酸味がある味わいで喉の乾きは十分癒された。お待ちかね！の熱々ベッコフの登場と共にムッシューアントンお勧めリースリングを頼んだ。ベッコフはアルザス語でパン屋の釜戸という意味。昔、各家庭で白ワインでマリネした具材を詰めた鍋をブーランジュリーに持参し、釜戸の余熱で加熱したそうだ。早く火が通るよう、蓋と鍋の間にパン生地で密着させていた。家庭でもレストランでも鍋ごと出され、皿によそう。アントンが蓋を外すと湯気が立ち上がる。ハスキーな「ボナペティ！」の声も温かだ。ふわ〜と広がる滋味深い煮込みの香り。牛、豚、羊にじゃがいも、ポワロー（西洋白ネギ）、人参が白ワイン染み染みで、クローブなどもほどよく利いている。肉は骨もつき、どれほど出汁が出ていることか……。辛口白とスパイスが利いたフランスの肉じゃがと言ったところ。あまたの旨みが凝縮されたエキスでおいしいというより旨い!!　と声に出したくなる。肉

もじゃがいももホロリほどけ、上に散らされたシブレット(西洋浅葱)も名脇役。パセリだと軽いえぐみで風味が変わってしまう。ブッフ・ブルギニョンを食べたときも感じたが、フランスの人参は軽い酸味があり味も濃い。日本の人参は甘く感じる。フランスの煮込み作りで人参の存在感は大きい。アントンお勧めのリースリングはフレッシュでまっすぐに酸が広がる辛口、骨格のしっかりしたベッコフには無論もってこいだ。ひと口飲んではハフハフと、力強くでも丸みを帯びたベッコフを堪能した。5分経っても鍋は熱々、スフレンハイム陶器の保温力よ。身体も火照りセーター腕捲り、同じようにしているマダムもいる。店内は満席で60代ご夫婦が多い。そして何よりも耳驚くのはアントンの巧みな話術。まさに綾小路きみまろさんよろしく、狭いテーブルの間をぬってスマートにサーブしつつ漫談で客を沸かせるのだ。ハスキーボイスで温かなユーモアを交えたジョークで、店内にどっと笑いが起こり一体感が生まれる。そしてなんと、私が注目を浴びることになるとは。もちろんムッシューきみまろの漫談に合いの手を入れたのではない(笑)。ベッコフに使用しているワインの品種とスパイスを尋ねたのだ。ムッシューきみまろはニコッと微笑み、厨房に向かって「日本のマダムがベッコフのことを知りたいそうだよ！」と声をかける。小さな店内の客は一斉に私を見る。私は、あらっどうしましょな感じでうら恥ずかしい。そして小柄で朗らかなムッシューシェフもちょっと照れながら私のテーブルに足を運んでくれた。観客、いや皆さんに温かく見守られながら「日本から来ました。ベッコフが絶品で、よかったらワインの品種とスパイスを教えてください！」と思わず席を立ちシェフに尋ねた。シェフは優しい口調で「ありがとう。アルザスリースリングだよ、スパイスはクローブとねずの実だね」すると、ムッシューきみまろが「材料は〇〇でしょ」と楽しげに続くのだ。きっとムッシューきみまろは全ての材料を知っていたはず。私によき思い出を作ってくれたのだ。シェフにお礼を伝え着席すると隣テーブルのストラスブール近くからいらしたご夫婦から「答えがわかってよかったわね！」と声がかかった。するとまたその隣テーブルのご夫婦も会話に混じる。そこに「これは、僕がクリームを飾ったんだよ！」とお茶目にムッシューきみまろは私が選んだデセール、ミラベルのクラフティタルトを運んできた。タルト生地もミラベルも端が少し焦げるほどしっかり火が入り私好み。ふくよかな甘みと軽い酸味をもつミラベルの果汁がプリンよりのもちっとしたクレープ風生地に染み込みおいしい。フランスの東のはしっこの小さな村のレストランでのこの出来事は、ベッコフのようにずっと私の中で熱々な思い出になっている。

Domaine du Petit Bouchon

ドメーヌ・デュ・プティ・ブション

冬旅では会いたい人がいた。その一人はフランス語では聞き慣れないエイコフェンというアルザスの小さな村に住んでいる。アルザスヴァンナチュールのドメーヌ・デュ・プティ・ブションの担い手、ムッシューヴァンサン・ラーセル。リボーヴィレからバスと電車でエイコフェン駅まで。鼠色の空は小雨模様で車窓はうっすら水蒸気で曇る。バーコーナーのような半楕円型座席で座り窓をおもむろに手でこすると、時折なだらかな葡萄畑が顔を出した。駅周りはひっそりし店などないが、ノエルの飾りが置かれ、手書きの素朴な可愛さの天使に不安が消え歩みを進めた。若い葡萄畑に面した、小さなコルクという意味のヴァンサンのドメーヌに到着。「よく来たね！」と大きな笑顔で迎えてくれホッとした。何しろ単なるいちファンな訳で、夫のように専門用語を使った言い回しでワインの深い話まで出来たら素敵なのだが、必死にワインの表現単語を暗記するのが精一杯。畑を見学させてもらいトノーでの試飲しかも1対1。冷静に考えると横着だが会いたい一心で来てしまった。ヴァンサンはブルゴーニュ出身で奥さんのソフィーと幼い娘さん2人の4人家族。モダンなキッチンに案内されカフェを飲みながらのお互いの自己紹介の後、素敵にコラージュされた家族のアルバムを見せてもらった。北欧モダンなインテリアの美しいお宅。フランスでは古い家を購入して自ら取り壊し内装を手掛けることが多いのだが、ヴァ

ンサン邸もご両親の助けも借りながら床外しから始めたそうだ。最初の一歩から完成するまでの行程と家族の写真を丁寧にうれしそうに解説してくれる。緊張がほどけたところで車で少し離れた葡萄畑へ。生憎の雨だが車から降り各畑で説明をしてくれた。どの畑も回りの木立となじみ穏やかで、またしっかりと生命力を感じる。鼠色の空に葉を落としたノワゼット色の葡萄の木、根元には草々が生い茂り素敵なコントラスト。「この辺りから畑を眺めると素敵なんだよね！」と教えてくれた。車内でも家族の話、畑回りの優しいご近所さんの話、サスティナブルな畑を続ける大変さやフランス料理の話まで多岐にわたり、カーヴで試飲する頃にはすっかり打ち解けた。家族手作りのカーヴでは、トノーに取り付けられたガラスの発酵栓でワインがぷくっと寝息をたてて静かだが、柱に沢山の娘さんの写真やラベルが貼られ和やかな雰囲気。ヴァンサンはワイン造りにおいて、バックステージも何よりも大切にしている。トノーからワインを汲み上げグラスに注ぎ、品種や特徴はもとよりヴィンテージのひとつずつにある話を語った。例えば、「このラベルは“アンコール”と書かれてあるけど、これはアガット（娘さん）が畑の葡萄を食べ“パパ、アンコール！”と言ったからなんだ」「これはヴァンダンジュの時に助けてくれる仲間である季節労働者に敬意を込めて彼らが乗ってくるバンをラベルにしたんだ」「これは“メーム（フランス語で同じの意）”というワインがあるでしょ、でも今は品種配合変えたから“パッ メーム（同じじゃないよ）”とつけたんだよ」と、愛嬌たっぷりネーミングもヴァンサンらしい。「このヴィンテージは僕の大好きな品種シルヴァネールでたまらなく好きなんだよね！」とクスッと口元が緩み愛して止まない笑顔を見せる。

まだ熟成中のワインも試飲させていただいた。少し果汁の甘みも残りこれはこれでおいしい。私ならそそくさ瓶詰めしちゃうかも。ヴァンサンの造り出すワインは鼻を近づけるとそれぞれの香りが溢れ出す。蜂蜜だったり胡椒などのスパイスや桃だったりと。ワイン専門用語での表現は分からないけど、それぞれの葡萄果汁が熟成され、ローブ(ドレス)をまとった華やかさがあったり、小さな蕾が花開きそうな清純とした輝きをもった魅力を秘めている。ミネラルもあり最後にしっとりとした渋みが口に回り余韻が続く。我が家でも大好きでよく家飲みするが、益々個性が現れ心をぎゅっと掴むおいしさに変貌を遂げている。ヴァンサンのワインはパリでも人気で卸値の5倍の値段で販売されるそうだ。「そうなると、飲んでくれる人が限られちゃうから残念なんだよね。飲む人たちにバックステージも知ってもらいたくて、ラベルやワイン名にも心を込めてるんだ。僕だけでは造れないからね」と熱い思いを教えてくれた。自分の子供の様に土にふれ葡萄を育て、温かい助けを経て葡萄を収穫し、語りかけワインを醸造し瓶詰めをして思いのこもったラベルを貼る。どの行程も真心が籠っている。ヴァンサンは情熱の人であり心そのままの人だ。試飲のあと、ヴァンサンお気に入りのビストロで昼をご馳走になった。アルザスはテキパキと快活なマダムが多いがこちらのマダムもその通り、真ん丸眼鏡に朱のニットがとても似合い素敵。「あら日本から! リュックで一人旅なのね、日本はいつか行ってみたいわ」と話しかけてくれて始まった3人の会話も楽しく、頂いたのは絶品ロールキャベツ。日本のキャベツは繊維が残るが、フランスの縮れキャベツで煮込むと葉がとろけるような舌触りで、中はふっくらしスパイスと肉の旨みが染み込む。私のお腹もヴァンサンワインとロールキャベツで、幸せふっくらまんまる。もし今日というオリジナルワインを造るならロールキャベツにブション(ワインコルク)のミニ帽子にまんまる眼鏡を。名前はそうね、シュー(キャベツ)にかけてシュエット(素晴らしい)! はいかがだろうか。

La maison de Juliette

ラ・メゾン・ド・ジュリエット

秋旅にどっぷりつかり、アルザスの滞在先選びが遅れた。エイコフェンから交通機関があり翌日のナンシーへの足も滞らない場所を地図とにらめっこし決めたのはサンティポリット。山と葡萄畑に囲まれ静かで風光明媚な村。大きなコロンバージュのドメーヌや小売店などがある村の中心から少し離れた美しい並木道の裏手に、可憐なラ・メゾン・ド・ジュリエットがある。到着した午後はあいにくオーナームッシューアルフォンは不在で夕食をお願いできなかったが、朝食も夕食も予めの予約で頂ける。部屋に入室する前のサロンで、ここがアルフォンの美的世界が詰まった唯一無二のメゾン・ドット※だと確信した。天井まで届く大きなツリーは赤と白とゴールドの装飾、その奥には沢山のフランスクロスが置かれたアンティーク棚、クラシックなダイニングにはドット柄のクッションチェアーが置かれている。天井には古いガラスのシャンデリア。その横はモダンなサロンソファー。書斎コーナーはクラシックホテルのよう。織りの美しい絨毯の上にはアンティークのチェスト。まるで邸宅美術館のようでじっくり眺めたくなる。年代やスタイルが違う物をミックスしアグレッシブに自分の世界観でまとめあげてしまうのは、フランスの人の得意とするところ。とは言っても並外れたセンスだ。それもそのはず、アルフォンは以前グランメゾン（ハイブランド）やグランホテルで仕事を任されていたインテリアスタイリスト。予約したときは知らなかっ

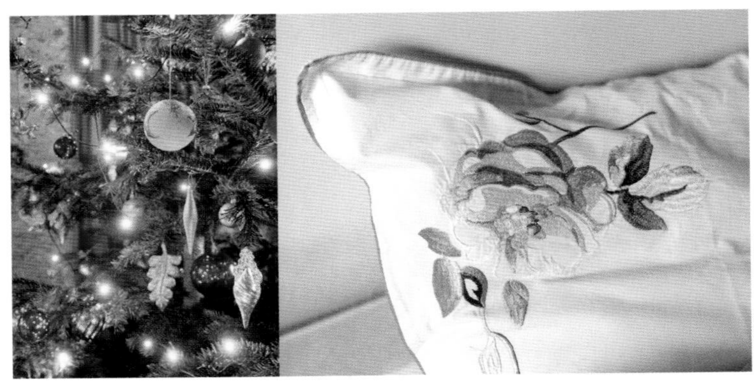

※ オーナーホストの個性溢れる宿泊施設

たので感嘆した。通された部屋の名前はシャンブルロマンチック(ロマンチックな部屋)。ドレープがなびくローズピンクストライプのカーテン、華やかな花刺繍がほどこされたベッドリネン。ロココ調の猫足ソファー、黒大理石盤のチェスト、水グラスもシノワズリーな皿の上に。ロマンチックが本当に止まらない。フランスでは多くのホテルがシンプルモダンに移行し個性を失っている。ラ・メゾン・ド・ジュリエットに宿泊するためだけにアルザスに行く理由は十二分にある。フランス刺繍やアンティーク好きな方にぜひお勧めしたい。心地よいベッドで良眠し鳥のさえずりで目を覚ました。アンティークガラスの窓を開けると朝のすんだ甘い空気が入り込む。遠くの山の緑も目に心地よく、鳥たちの歌声がどこかに音源があるのではと思うほど美しく静かな村に響き渡っていた。さぁお待ちかねの朝食! 寝室とは別邸のダイニングへ。何度心を揺さぶられるのだろうか。モダンデコなサロンを通りアルフォンの手にかかったノエルデコレーションされたダイニングへ。シャンデリアにはカラフルなリボンの装い、食器棚にはクリスタルグラス。テーブルクロスはクリスマス刺繍がほどこされ、画家ハイジのアルザス皿一式に美しいカトラリー、コンポート器にジャム、銀トレイにクッキーが並ぶ。まばゆい朝日がさしこむカウンターにはずらっとアルザスのご馳走が!! 大きなクグロフやチョコレートケーキにはじまり沢山のパテや大きなハムにソーセージ、種類豊富なチーズにパン類、ニシンの酢漬けまで。これらはほぼアルフォンのお手製と言うからまたびっくり! なんでもグランホテルに出入りするようになりシェフから作り方を学んだそう。そして実家で開いたのがラ・メゾン・ジュリエット。これだけの種類、準備には並々ならぬ時間を要するだろう。目下の悩みは全てお腹に納めることができないこと。なんとかして胃袋を増やせないだろうか。穏やかでシックで温かなアルフォンと挨拶もでき、アルザス朝食の幕は開いた。フルーツコンフィー入りのパテは、フルーツの甘みとふんだんに入ったナッツが利いていて、贅沢を言うならばゲヴェルツワインを飲みながら頂きた

い。ピノ・ノワール風味のパテや豚の血入りソーセージと、食欲が本当に止まらない。クグロフは皮さっくり中しっとりでほんのり温かい焼きたて！ 気泡が大きいから口当たりも軽くおかわり間違いなしのおいしさ。チェリーのジャムはシナモンが利き、苺とキウイのジャムやミラベルのジャムも何度手が伸びたことか。アルフォンの朝食にほっぺが落ちそうになりながらも、フォークを置く間もなく食にいそしんでいるのは私だけではない。3組の年配のご夫婦とご一緒。私の両親の世代より少し若い頃合いだろうか、スヌーピーの真っ赤なクリスマスニットをお茶目に着こなすムッシューはじめみなさん和やか。笑顔で挨拶を交わしお茶会ならぬ朝食会。アルザス内からいらしてゆっくりマルシェ・ド・ノエル巡りをされているそう。私も会話に加わりたくて、「今朝はよいお天気ですね！」と思いきって口に出した。すると口々に「本当に気持ちよいわね！」とそこから話が広がった。リボーヴィレにも行かれたようなので、ベッコフを食べたと伝えると歓声が起こる。アルザスっ子にとってかけがえのない料理ということがよくわかる。ペアリングはリースリングでと言葉を加えると一回り大きな歓声が（笑）。素晴らしい朝食はアルフォンへの賛辞と共に幕を閉じた。席を立つ際にスヌーピーニットのムッシューが、「ベッコフのレシピを伝授してあげよう」と、ノートにスラスラ書いてくれた。するとアルフォンが通りかかり巨大なベッコフ鍋を持ってきてくれた。10人分、いやそれ以上はあろうか。アルフォンのベッコフが食べたい！ 至福の味わいだろう。ベッコフの冷めぬ距離に住みたいものだ。心から大満足のお礼を伝えると5～6月においでよと言ってくれた。庭には花が咲き誇り鳥の数も今よりもっと増えるそうだ。次回は少なくとも2泊はしたい。

セレスタ駅まで親切に送っていただいた。車窓から葡萄畑が見えそこに虹がかかっていて「ポフト・シャンス（幸運をもたらしてくれるよ）！」と教えてくれた。名前も知らなかったサンティポリットでアルフォンの世界に身をおき温かな出会いに恵まれ素晴らしい滞在ができた。虹はすでに幸運をもたらしてくれていた。

Art Nouveau

アールヌーヴォー

クリスマスツリー発祥の地セレスタからTERでストラスブール乗り換えグラン・テストルート旅最後のアールヌーヴォーが生じたナンシーへ。学生時代にガレやドーム※1の世界に魅了された。パリのパティスリー・ストーレーで研修時に出

※1 エミール・ガレ。ドーム兄弟（オーギュストとアントナン）。アールヌーヴォーを代表するガラス工芸家でナンシーを拠点にした。ガレは家具のデザイナーでもあった。

場したアルパジョン飴細工コンクールでは、パリのメトロ入り口門を頭上にのせたシルクハットスタンドに薔薇など花々を咲かせ、ハットのツバから幸せのてんとう虫が門に向かい登っていく飴細工で入賞し、ストレーのショーウィンドウに飾ってもらった。あの当時何故ナンシーへ足を運ばなかったのだろうと悔やむほど。町にはアールヌーヴォー装飾の建築が多く残り、ナンシー美術館のドームコーナーは、青いイルミネーションが美しい大きなツリーがあるロココ絢爛なスタニスラス広場より私の心を捕らえ、閉館時間ぎりぎりまでへばりつき目に焼き付けた。ガレの家具に囲まれたナンシー派美術館はねずみのジェリーのように壁穴を開けてどうにかして住み着きたいほど魅惑的だった。アールヌーヴォーの中に身を置きたいとベルエポックに創業し、歴史的建造物にも指定されているブラッスリー・エクセルシオールへ。コルマールで体調を崩し食べ損ねたシュークルートを注文した。美しいシダ植物レリーフの天井やシャンデリア、美しいマホガニーの家具を眺めながら食事をと思ったのだが、スタッフのおしゃべり、グラスの割れる音が反響し騒々しい。シュークルートはスマートな持ち手つき銅皿で運ばれ、きりっとした酸味の発酵キャベツはネズの実が利き、じゃがいもはラクビーボール形に面とられ見事であっただけに残念、ブラッスリーだからやむを得ない。見物気分なら朝食時間の方が良いかもしれない。気を取り直して隣のコンフィズリー[※2]、ラ・メゾン・ルフェーブル・ルモワーヌへ。ショーウインドウには沢山のナンシー菓子、映画「アメリ」でアメリの寝室に置かれていたムッシューミヒャエル・ゾーヴァの豚のスタンドライトにベルガモットキャンディー缶、マカロンナンシーやパンダニスなど、目を凝らしているとおじいちゃんムッシューがにこっと手招きをしている。1840年創業の扉を開くと、フランスの古き良き時代にタイムスリップしたようだ。大理石の黒白格子の床には同じく時を過ごしたであろうシュガーポットや花瓶、皿と共に数えきれない地元の銘菓が美しく陳列されている。ノエルの時期限定のサン・ニコラ[※3]やロバが描かれたパン・ド・エピスも一層雰囲気を盛り上げている。初めて目にするものも多く、楽しそうに働く小柄で可愛いマドモワゼルに色々尋ねると快く教えてくれゆっくり見てねと親切だ。子供の頃の駄菓子を買うようなキラキラした気持ちでいくつかの菓子を手に取った。中でもお気に入りはノワゼットの香りでざくっと空洞の歯応えのよいマカロンナンシーと爽やかなアニスがクセになる乾き気味のダコワーズのような食感のパンダニス。サン・ニコラのパンドエピスは可愛すぎて口に出来ず、寺のお札の横にルルドの聖水ボトルのマリアさまと一緒にまだ自宅に。毎朝、挨拶をし手を合わす私を見てどう思っているのだろうか……。

※2 砂糖菓子の総称。菓子屋。

※3 サンタクロースのモデルになったロレーヌ地方の聖人(諸説あり)。

LEGRAND Filles et Fils

ルグラン二人のマダム

冬旅で会いたい人は、パリのルグラン・フィーユ・エ・フィスの2人のマダム。1人はマダムエミ。エミさんのワイン会に参加したのがきっかけで、ソムリエナイフの使い方からパリ生活のイロハまで多くを教わり相談した姉のような存在。ロングストレートのエミさんとロングソバージュの私が並ぶマドモワゼル写真が今でもキッチンで微笑んでいる。パリを訪れる際は必ず会いに行くが4年ぶりの再会だ。ナンシーからTGVで夕方にパリに到着しアパートでさっとパリ仕様に着替えオペラ座界隈に向かう。ギャラリーラファイエットの屋上から夕刻に点灯したエッフェル塔を眺め、移動の疲れを高揚に変えた。ルグランには2つの入り口があり、1つは華やかなパッサージュヴィヴィエンヌ側※1。私は常にヴィクトワール広場そばの扉から。美しいショーウインドウから店内をこっそり眺めるのも好きだ。日本と違い明かりが煌々としておらず、ぬくもりを感じ心が温まる。ルグランは1880年創業のエピスリー※2兼コンフィズリー。1905年にムッシューピエール・ルグランが店を継ぎ、その後息子さんのムッシュールシアンがフランステロワールワインに情熱を注ぎ、自ら足を運び選んだワインの販売を始めてカーヴ・ルグランの名も加わった。ぜひエピスリーの一面コルクの天井を見上げてほしい。懐かしい気持ちで扉を開けると、奥からエミさんが華やかな笑顔で迎えてくれた。ふんわりウェーブで淡い大人ピンクの軽やかな装いに、シャネルの上品なチェーンネックレスが似合いすっかりパリのマダムに。その笑顔

は異国で積み重ねた経験が素晴らしかったことを物語る。エミさんはルグランのワインコンサルタント日本地区ビジネスマネージャー。長く親交を深めてきた顧客はあまたで、販売、サロン進行、会食とフランスらしからぬ忙しさだが、持ち前のバイタリティーでオフも充実させている。そしてもう1人大きく腕を開き迎えてくれたのは、シニョンと眼鏡の奥の瞳がエレガントなマダムアゲット。ルグランのコンフィズリーを担当されている。そう、扉を開けると1900年代へと時を超え、床には青色の麗しい花模様タイルに創業当時の木とガラスの什器にはフランス地方銘菓が辺り一面に並ぶ。サバトンの大きなマロングラッセ、パンドエピス、貴腐ワインソーテルヌ漬けのレーズンチョコ、マゼのプラリネ缶など種類を全部明記したらページが足りない。お土産に最適な美しいパッケージはもちろんのこと、手書きの可憐な筆記体のラベルが掛かったガラス瓶から1つ2つとパニエ（手籠）に入れる時の楽しさはなんとも言えない。銘菓だけではない、老舗のバルトゥイユのフォアグラやキャビアにメゾンマークのピクルス、ロデルのサーディン缶にブルターニュの鯖のリエットやポワローのペーストのような目新しいものも置かれている（ご馳走つまみとエミさんのセレクトワインでホテル飲みなんてことも出来そうだ）。私はマダムアゲットに店のお気に入りは？ と愚問をすると、「トゥーッ（全てよ）！」とそして「品物一つずつにブランドの歴史と伝統がありそれを含めお客さまに説明したいの」と愛情たっぷりに話してくれた。デパートもよいが、この場所でマダムアゲットに挨拶を交わしてパニエをお借りしエポックにひたりゆったりと買い物することをお勧めしたい。その夜はルグランのレストランバーで早めのノエルディナーの招待にあずかった。エピスリーにもワインがずらりと並ぶが、カーヴへ通り抜ける場所のグランヴァンの木箱の板壁も興味深い。カーヴとレストランバーは夜はほのかな明かりで一見見逃し

※1 ガラス屋根のあるアーケード街。多くが19世紀前半に造られた。
※2 乾物屋、食料品店。

そうだが、名だたるグランヴァンが鎮座している。シェフアントニーの若いセンスが溢れる旬の食材豊富なパリキュイジーヌ（料理）を、マダム気分でワインと一緒にまったりと楽しめる。メニューには料理のお勧めグラスワインの記載もあるから、迷わず注文もできそう。昼はギャラリーヴィヴィエンヌのテラス席も素敵。再会を祝してエミさんにドメーヌ・ルノワールのブラン・ド・ノワール[※3]のシャンパンのボトルを開けていただいた。ブラン・ド・ブランは耳にしたことがあるが、ノワールは初めて。グラスに注がれたのは華麗な黄金色で洋梨のようなエレガントな香りが漂う樹齢40年のピノ・ノワールのシャンパン。エミさんの懐かしいレッスンが始まった。アペリティフと食事でシャンパンは適温が違うようで食事には14℃がよいそう。冷えすぎているときは、口に少し含みハグハグとゆっくり噛み締めると、香りも味わいも一段と広がるそう。なるほど！ 確かに違う、日本で自慢げに誰かに教えたい。味わい深い贅沢なシャンパンとシェフアントニーのスタイリッシュな料理を堪能しながら、互いの更年期の体調話などをして。フロマージュ（チーズ）は、ブリア・サヴァラン・アフィネ[※4]のトリュフサンドを2人でケーキのように突っつきながら（ミルク感濃厚で滑らかな口どけと爽やかな酸味に黒トリュフの香りが広がり悶絶のおいしさ！）、エミさんの話に耳を傾けた。「人生の後半になり、自らの舵取りにより人生が豊かに広がることを実感したのよ」と、姉のような眼差しで優しく語る。パリでの暮らしに限らず50代からの人生でこそ心がけたいことだ。若い頃は貪欲に自分を追い求めていたのに、不調が出始める頃には自分軸がどんと失われている。エミさんが輝いているのは自己プロデュースセンスをパリで培ったから。私はどうなりたいのだろう。11時すぎまで語った帰り道、パリで暮らした若かりし頃の情熱を思い出しながら、マダムの私に自問した。

※3 黒葡萄品種のみで作られたシャンパン、ブラン・ド・ブランは白葡萄品種のみ。
※4 生クリーム入りのフレッシュチーズ、ノエルの時期にはトリュフを挟んだものが人気。

Noël ノエルの風景

パパノエル（サンタクロース）日本でお待ちしています！

昔から変わらないアルザスらしく心が和むアイシング。

ハンジ美術館の窓もノエル仕様。我が家も真似してみる⁉

リールのマルシェ・ド・ノエルのマスコット。顔はめ看板、どなたかご一緒に！

コルマールのマダムマリーのアトリエに。ノエルのお星さま。

チョコレートのコウノトリ。連れて帰りたい……‼

リボーヴィレには可愛い天使が舞い降りて。

マドレーヌとパンドエピスなど伝統的なフランス菓子のリッツのアフタヌーンティー。

ノエルのデパートのウインドウは子供たちの楽しみの1つ。動いていますよ～。

Salon Proust

サロン・プルースト

素顔のフランスが垣間見られる場所が大好きだが、パリは少し番外編も。冬のパリは綺麗めコートと古着コートなど2着持参するが今回はさすがに無理なので、足元だけでもとリュックにヒールブーツを押し込んだ。ウールの黒ニットワンピースにパールを身に纏えばリッツ・パリのサロンでもさほど浮くことはないはず。宝石のように目映いヴァンドーム広場から回転扉を抜け雪の華のような美しいツリーを眺め、膝を伸ばして歩き常連客であったプルーストの名のサロンへ。ムッシュープルーストのお気に入りの席は暖炉のそば。以前ここがロビーだった頃、リッツで行き交うシックな客を観察したのだろうか。私は反対の美しい書棚前の金色キャメルのふかふかソファーに腰を沈めた。あれっ、以前と何か違う? ……賑やかである。視線の先には3人組の欧米ムッシュー。ウォッシュデニムにハリトンジャケットでお揃いなのは何故? 気になってしまう(笑)。ショートダウンのポッケに手を入れ、がやがやと席につく中年グループも。賑やかなサロンを眺めていると美しい所作でサーブをしてくれる二人の貴公子風ムッシューリュックとマティス。所作だけではない、目を配りどの席にもハートフルに言葉をかけているようだ。私がブリストルで研修してた年を伝えると、一人は誕生していないと驚く。行き交う人々は変われども、きっとプルーストもこの青年たちに好感を抱くのでは。

Tournée des Bars

パリではしご酒

土曜の夕方にお気に入りのはしご酒。一人飲みに最適なセプティム・ラ・カーヴは、パリの人気レストランの系列店で、店内はウッディにポップが混じった若いパリジャンが好きな雰囲気。開店間際は閑寂、夜はBGM鳴り響きいかにもパリの夜な感じで立ち飲み客でごった返す雰囲気も捨てがたい。マッシュでアーバンなお兄ちゃんムッシューに白のグラスは何かと聞くと、まぁまぁ、これ試してみてと。ありがたくも緊張しながら口にすると、あらっ私の好きなシュナンかもしれない。家飲みなら的外れな品種を夫に伝え細い目をされても平気だが、ここでは赤面するのですまし笑顔でグラスを満たしてもらう。洒落たカウンター飲みはまだ覚束ないが、ほどよい距離感も心地よく、2杯飲み干し次のル・バロン・ルージュへ。ここはパリジャンに愛され続ける下町の酒屋兼バー。今はアメリカのムッシューがオーナーだが、創業当時のザン※で常連ムッシューたちが賑やかにグビッと飲んでいる。店内をかき分けると幸運にもザンに1人分の隙間！ さっと陣取りマコンの白を頼む。一人飲みの寂しさは心配無用！ ザンの中のおっとり気味のお兄ちゃんムッシューは穏やか、ザンで「サンテ！」とグラスを交わした常連パリジャンも似顔絵描きのマダムも、みんなほろ酔いサンパ（親切）！ ここではグラスと心を開けばパッ・ド・プロブレム（問題なし）！

※ フランスでは昔ながらの亜鉛製のカウンターをザンと呼ぶ。ザンは亜鉛の意。

à l'ami PIERRE

ア・ラミ・ピエール

バロンルージュでブルゴーニュを3杯ひっかけ、予約したア・ラミ・ピエールに向かった。地図ではアペロ2店の真ん中あたり、我ながら上出来な双六だ。コロナ前、「世界入りにくい居酒屋」という番組でこの店を知った。音楽祭の日、ナス型眼鏡が素敵な店主ムッシューローバンは、リズムにのり少しふっくらな体を揺らし常連客と共に酒を浴びるように飲む。真ん丸眼鏡がキュートなマダムニコラは、それを彼の権利とクールに言う。常連ムッシューは、生ハムにバターをあてがい口に入れ、おいしそうに赤をぐいっと飲んでいた。バスティーユそばにこんな素敵な店があるとは……!! ようやく私もこの大舞台に紛れ込めるお年頃かもと、喜び勇みパリ旅のリストに加えた。うっすら暗い路地に看板が灯る。ワイン5杯で勢いをつけたが少々緊張し扉を開ける。「ボンソワー サチコだね！」とムッシューローバン、マダムニコラ、サービスのムッシュージルに笑顔で迎えられ、ザンに近い席を案内してもらった。テーブルには賑やかなイラストのオリジナル紙ナフキン、店名入りの皿にはお通しのタプナード！ ザンを眺めるとマダムニコラは常連客と楽しそうに話している。もう私は天国に足を突っ込んだのだと確信した。アントレは秋旅で食べ損ねたウフ・アン・ムーレット(ポーチドエッグの赤ワインソース)と決めている。プラ(メイン)をステーキかレバーステーキにするかを、映画「アメリ」に出てきそうな雰囲気たっぷりオールバックのムッシュージルに相談する。「そうだね、ステーキならどこでも食べれるからレバーがいいかもね！」ワインもお勧めでと伝えたら、全てが上手く行くのだ。アペロでは頑張って何もつままなかったので、ハーブが散らされた薄切りのカリカリッ(パン)にタプナードをのせ、勢いよく立て続けに口にした。脳内ドーパミンがどんどん放出されたのだろう。メモを見返すと横なぐりで読み返せない文が多いが、今でも全てのシーンが鮮明に浮かぶ。ジルの「ボナペティー！」で待望のウフ(卵)が運ばれた。ラフドン(細い棒状ベーコン)たっぷりのワインチョコ色のソースに、はちきれんばかりの二つの枕が気持ち良さそうに身を預けている。緑のマーシュ(ノヂシャ)も生き生きと。弾力のある卵にナイフを入れると、半熟でとろんとした菜の花色の黄身が顔を出す。それをソースに絡め一目散に口に入れる。卵とラフドンと玉ねぎ、エシャロットが利いたワインソースのコクが絶

妙に交じりあい、微かな酸味もまろやかで、「ブラボー!!」と絶賛したい。続く厚い仔牛のレバーステーキも、火入れが抜群で断面はロゼ色でとろっとしている。臭みなんてものは全くなく、しっとり甘みが広がる。添えられたマッシュポテトのとろける柔らかさよ、バターたっぷりの誘惑。カシス感じるコルビエールの赤とのマリアージュも、ジルに感謝したい。満席の20時に恍惚の表情で飲み食いをする、本当のパリで。そこにスイカ柄のバイクのヘルメットを抱えたアメリカムッシューのカールが気さくにフランス語で話しかけてくれた。ジャーナリストでパリに長く身をおく店の常連。人柄はすぐに分かりお喋りを続けているといつの間にか憧れのマダムニコラが私の横に来てくれている。早上がりのスタッフのマドモワゼルも一緒に！ みんなで語らい生アコーディオンに身を委ね上半身を揺らす。まさにここはガンゲット※!! 翌朝携帯を見るとブレブレの連写で、私とニコが大きく笑っていた。楽しい時間はあっという間、名残惜しいけど帰らなくて

※ 居酒屋を兼ねたダンスホール。

は。店からアパートへは幸い乗り換えなし。危険な線ではないが、終電間際は避けたい。ジルの素晴らしいサーブで堪能したフランス飯、ニコとカールとマドモワゼルで囲んだテーブル、まだ後ろ髪めーいっぱい引かれつつも心からのお礼を伝え席を立った。ローバンへのお礼も勿論のことと人を掻き分けザンに潜り込むと、これ飲んでってと温かくディジェスティフ（食後酒）を勧めてくれた。くいっと飲み干すと、いけるね！の視線。隣にいたムッシューは南仏に住み仕事でコンスタントにパリに来て必ずここで過ごすそうだ。羨ましいったら。話が弾むと、ローバンがさらにディジェスティフを注いでくれる。おっとこれは本当に帰らなくては。扉を出ると、うっすら暗い路地に窓から溢れ出す灯り。赤い看板を少しの間そーっと見つめ、私のパリをあとにした。

Onglet de bœuf

ステーキオングレ

パリで欠かせないのはピュス(蚤の市)。専門店が羅列するクリニャンクールも良いが、ふらっと見物しさっと引き上げたい。早朝のヴァンヴは掘り出し物がありお気に入り。そしてそのまま歩き近くの古本市とマックス・ポワラーヌ※1に寄る。以前は目につく皿などをエコバッグのひもが肩に食い込むほど買ったものだが、今は慎重に見定めお気に入りを1～2枚(個)連れ帰る。じっくり選ぶものだから、その間に売れてしまうことあり、く～っと悔やむ(笑)。パリの恒例にはアスティエ※2も。今となっては日本でも購入できるが値も上がり、大人買いなんて夢のよう。パリ記念として1つ2つ機内手荷物で持ち帰る。今回は、白菜を思わせる豆皿とノエルの飾りフクロウを連れてきた。帰国まで待ちきれずピュスの皿と一緒にアパートですぐに飾ったり使用した。帰国前夜はたいがい荷物詰めと掃除で余裕がないからアパートディネ。空港までスタミナを切らさぬよう赤身肉のステーキが定番。横隔膜部位のオングレを常温に戻し塩をし、バターを溶かしたしっかり強火のフライパンで両面さっと1分ほどずつ焼き、少し休ませ胡椒を利かせる。ニンニクやエシャロットが残っているときは、刻んで肉を焼いたあとのフライパンで炒めイタリアンパセリをさっとからめてステーキにのせる。思い出すとワインを欲してならない。最近はモノプリでも1人分サイズで売られ焼き方の説明もあったりする。肉汁したたるジューシーな噛みごたえはやみつき！ そこにちょっと荒々しいペティヨンナチュールを流し込む、モンマルトルそばのアパートで。

※1 6区のブーランジュリー・ポワラーヌは同じ家系。

※2 アスティエ・ド・ヴィラット。1996年にパリで創業、パリ郊外の土で造られた陶器を主体にしたブランド。

Passerelle Debilly

ドゥビリ橋

1999年、パリの出発点は16区のイエナ。今みたいにネット環境もなく、部屋探しは人づてや日系書店などの張り紙。イエナの次の凱旋門そばのフォッシュ大通りの屋根裏は、ギャラリーラファイエットで免税受付のマダムから声がけを頂いた。イエナは張り紙のフランスマダムに、緊張しながら電話でアポイントを取った。車や人の通り少ない石畳のフレスネル通り、向かいは一面ベージュ色の石壁。よく内見したはずが、引っ越したら窓がないことに気づく。通りに面するガラス窓入りの扉が窓も兼ねていた。静かで雨戸もあるからまぁいいか、とすぐに馴染んだ。部屋を出て右に折れるとセーヌ川。何と言っても歩行者しか渡れない板張りのドゥビリ橋からは圧巻のエッフェル塔。いつも眺めて渡り7区の商店街へ買い物に行った。

パリ最終日は大好きなグラシエ(アイスクリーム屋)、サン・ルイ島のベルティヨンで白桃が丸ごとのったピーチメルバを。キャラメル感のある大きなチュイールは、そのまま食べず粗めに砕き白桃にスプーンを入れバニラアイス、桃ソルベと合わせて口に入れる。ホイップにざくっとした素焼きピスタチオとラズベリーソースも加わり、口の中でヴェルディーの歌劇が繰り広げられる。そこから72番バスに揺られて。ドゥビリ橋は今となってはインスタ名所。大勢のツーリストと一緒に夕暮れのエッフェル塔を眺めて「またね」と後にした。

Le Rubis

ル・リュビ

帰国日、最後の一粘りでお気に入りのリュビへ。大きなリュック付きだから嫌な顔されちゃったら？ と怯むも、開き直り「ボンジュー！」と常連っぽい笑顔で扉を開けた。ザンではワイルドなムッシュージャンポールが客と世間話。デジュネまで飲んで待っていてもいいか伺うと、「もちろん！」とリュックを運んでくれるストレートな男前さよ。白を頼むとマコンヴィラージュ（シャルドネ）がやってきた。シトラスの爽やかな果実みがリュックで疲労した背中にも染み込む。鏡に貼られたワインリストにトイレの扉も以前と変わらず安心する。「最近のパリはどうなんだよ……」とザンでの世間話に、そうそう！と心で相づち。メトロのアメリカドーナツのポスターには「クロワッサンよりおいしい」のコピー。むかっ腹を今ここでとザンに参戦したいが、飲み損ねたヌーヴォーを発見、まだある？ と聞くと「イリオナ（あるよ）！」との返事で2杯目を味わう。アントレは好物のポワローを選び、歯応えよいヴィネガー和えをフォークで巻き取る。プラは山盛りマッシュポテトに粒マスタードソースのフィレミニョン！ 店内は満席、隣は「サンテ メパファン（両親に乾杯）！」となんて素敵！ もう1杯頼もう。「ルメーム（同じの）？」の投げ掛けに別ので！ と伝える。飲んで食べてもう行かなきゃと席を立つも、もう1杯飲んでってとザンで赤を頂く。ジャンポール、画廊のムッシュー達と世間話を楽しんで。あ〜、明日も来ていいですか⁉

GARE DE COLMAR
La Région
BRASSERIE
DU MONT BLANC
LA BLONDE
FORET NOIRE
6,50€
GRAND
VILLAGE
de
Saint-Nicolas
Colmar
ALSACE

ÉTABLISSEMENT
CLIMATISÉ
VIVENT LES VINS...
LIBRES!
ATTENTION À LA MARCHE
ABATS
GRAS DOUBLE
TOURTE de la VALLEE
(porc, veau haché et riesling)
23.50€/Kg
SPECIALITE MAISON
TOURTE au TROIS
SUPREMES de VOLAILLES
à la FLEUR de BIERE
25.50€/Kg

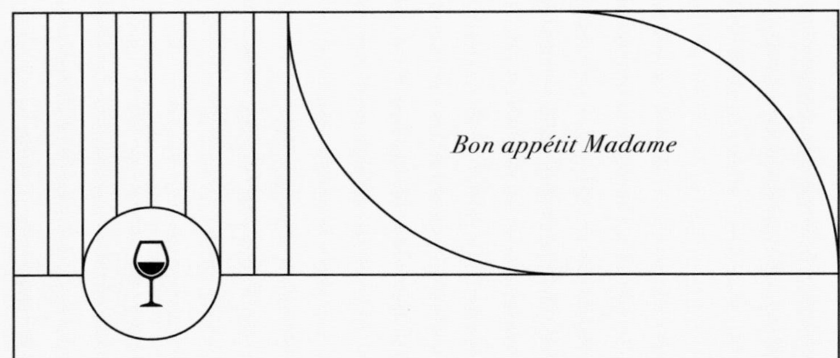

Voyage de Printemps

Provence-Alpes-Côte d'Azur
Centre-Val de Loire
Pays de la Loire
Bretagne

Aix-en-Provence, Marseille,
Menton, Nice, Saint-Pierre-des-Corps, Angers, Saint-Malo,
Cancale, Locronan, Rennes

春旅の章

page 130-165

プロヴァンス=アルプ=コート・ダジュール地域圏
サントル・ヴァル・ド・ロワール地域圏
ペイ・ド・ラ・ロワール地域圏
ブルターニュ地域圏

Amandier

春の訪れ、アーモンドの花

フランス全地域圏最後の旅の幕が開く。4度目にし初日をパリで、パッサージュ・ジュフロワの昔から憧れていたオテル[※1]・ショパンでマダムと看板猫クラリネに温かく迎えられ、ノスタルジーな一夜を。お気に入りの大衆食堂シャルティエはご近所。親切なムッシューやマダム担当のテーブルに着席できるかは「くじ」のようなものだ。隣席がリール出身の母娘だったので、秋旅のカルボナード話で盛り上がり、大好きな胡椒ソースのステーキとフリッツに、ロゼのキャラフと時差ボケで本当の夢心地。ステーキはブルー[※2]でと注文すると、グレーヘアのせっかちだけど気立てのよいムッシューは、「あんた肉好きだね」と言いたげにニヤッと笑った。ちなみに細身のリールの母マダムはシュークルート、娘マドモワゼルはローストチキンで肉女子テーブル。初日は無論白星だ。翌朝リヨン駅からTGVで大好きなエクス・アン・プロヴァンスへ。昔はTGV駅はなかったので中心街への移動は緊張するが、車窓から南仏の赤土のテラコッタ瓦屋根が見えると肩の力も抜けた。ガラス張りのモダンな駅に赤土を覗かせる南仏らしさ。無事に中心街行きのバスに乗車。車窓から目に入るのは、桜そっくりの花をつけた満開のアーモンドの木。翌日訪れた教会の献花にも。小声で教会の年配マダムに尋ねると「春の訪れなの。草木がまだ眠るなか、一番早く春を知らせるのよ」と小声で満開の笑顔を咲かせた。

※1 ホテル。hotelのhは無声で発音されない。
※2 レアより生に近い。

Tuile Provençale

プロヴァンス屋根

空港バスを降りると、町で一番大きな噴水のあるジェネラル・ド・ゴール広場は近い。エクス[※1]生まれなのにかつては地元の人々に受け入れられなかった画家ムッシューセザンヌは、今は銅像となり広場を歩く人々に賑やかに囲まれる。コルドン在校時に友人と訪れたのは初夏で、プラタナスの葉は青々とし噴水のしぶきもキラキラと日差しに反射していた。初春のプラタナス並木はまだ芽吹かず、空と噴水と同じ灰白色で幻想的。同じ場所なのかと戸惑いつつ奥に進むと、山吹色やらくだ色の懐かしいプロヴァンスカラーの古い建物が現れた。アパートはミラボー通りの右手で貴族の館や美術館もある落ち着いたマザラン地区。最上階の5階からはテラコッタの瓦屋根と近くの教会も望める。正午過ぎ、時差ボケ腹はまだペコペコではない。窓の眺望もアテにしてのんびりアペロで移動の疲れを癒そうか。日曜日と冬休みシーズンで開いている店は少ない。モノプリで肌寒さから思わずクスクスに手が伸びそうになるも、レーズンがまぶされた南仏の山羊チーズを籠に入れた。地元ワインも籠に入れたいが、なんと午後は酒類の購入規制がかかっていた。フランスでは酒規制が厳しくなりつつある。幸い旧市街には小さなスーパーや乾物屋がある。はしごをすると南仏郷土料理のピサラディエールを見つけた。観光客の多い旧市街だけありプロヴァンスワインコーナーもある。ちょっと奮発しようかと思ったが、売れ筋のAOC[※2]のロゼの6ユーロの可愛いラベンダーラベルに手を伸ばした。メンツは揃った。一刻も早くアパートへと急ぐが、同じ色合い同じ形の建

※1 エクス・アン・プロヴァンスの通称。

※2 原産地管理呼称。産地名を名乗る食品、ワインには厳格な規定基準がある。呼称により品質が認証される。

物の多い旧市街。得意の方向音痴を発揮した後、やれやれと帰途につく。ピサラディエールをレンジで軽く温め、コトー・デクサン・プロヴァンスでエクスへの再訪を乾杯！ 南仏の建物のような温かで優しい輝きがある柔らかなロゼは、赤いベリーのフルーティーな香りが漂う。みずみずしさ溢れ、爽やかな軽い酸と苦みもアペロにはぴったり。シェーブル（山羊チーズ）に手を出す日が来るとは！ ふっくら甘酸っぱい白レーズンのお陰か、酸味と少し癖のあるシェーブルがコクと軽い塩気もある大人のチーズケーキみたいな感じで、あらっおいしい。ホロッとする食感もよい。ロゼで口をリセットしピサラディエールをつつく。サーディンとアンチョビとプロヴァンスハーブ※3の入った玉ねぎタルトは、イタリア発祥。生地はピザのようだったり大きく焼いてカットされたりと様々。よく火を通した玉ねぎの甘みにアンチョビの塩気、ハーブも利きこれはロゼも進んでしまう。ご機嫌ほろ酔いで窓を眺める。半円筒形の丸瓦は濃淡あるテラコッタ色が目に鮮やか。鳩たちも居心地よいのかくつろいでいる。

翌朝は早起き散歩をして近所のブーランジュリー、ブリュノ・マチュウへ。眼鏡のはつらつマダムにようこそエクスへ！ と言葉をかけていただき、ふっくらクロワッサンと小舟形の南仏クッキーナヴェット※4など買ってプロヴァンス屋根を望み朝ごはん！ クロワッサンは、表皮パリッと中はレース編みのような気泡でふんわりしっとり。さっくり口当たりのナヴェットは、オレンジの花のエッセンスが口の中でも広がる。

※3 タイム、ローズマリーなど南仏自生のハーブのミックス。
※4 マルセイユ発祥の固い歯ごたえのオレンジ花水入りのオリーブオイルクッキー。

Bouillabaisse

ブイヤベース

朝食を頬張っていると青空が顔を出してきた。絶好のマルセイユ遠足日和。マルセイユといえば、リベンジしたい2つのことがある。1つはコルドンに入る前、実はエクスの大学語学学校の入学を予定し荷物も寮への輸送を手配して当日いよいよエクスへ！ となるはずだったが、薄ら暗いマルセイユ駅でのひとりきりの乗り換えが恐怖で怖じ気づいた。昔すぎて記憶の糸が辿れないが、危うい雰囲気だったかつてのマルセイユ。よそ様の庭に怖い番犬がいて前を通れずピアノ教室休んだ的な怖がりだった。後悔はないが、あの時勇気を奮い立たせていれば、きっとエクスを謳歌してたに違いない。もう1つは、エクスを共に旅したコルドンの友人とブイヤベースを味わうためにマルセイユに立ち寄り、ガイドブック掲載の店でテラスは気持ちよいねと順調だったがハズレを引いてしまったこと。コクがなく魚の身もパサパサで、その上抜栓時に粉々になったコルクが入りこんだワインをシレッとした態度でサーブされたものだから、カチーンときてムッシューにたてついてしまい、年上の友人マダムを驚かせてしまった（苦笑）。今ならフランス流冗談で返せるかも。マルセイユ駅が怖くってという儚げな親指姫はもう存在しない。ナヴェットクッキーと旬のネーブルをリュックに入れ、いざマルセイユへ！

エクスからバスで30分ほどでマルセイユ・サン・シャルル駅に到着。バスセンターでは警備のムッシューが、切符の購入方法を丁寧に教えてくれた。こちらのムッシューたちは、背は低めでがっしり気味、焼けた肌に瞼が厚めな人が多い。話しぶりもおおらかというよりせっかち、でも温か。海を越えたチュニジアやモロッコのルーツもあるのだろうか。車窓からは、早春麗らかに黄色の草花、淡いピンクの満開のアーモンドの木、オリーブの木などが見え、目に楽

しい。根本の土はテラコッタ瓦屋根と同じ色！ マルセイユ駅に着き、いの一番に驚いたのは駅構内が美しく変貌を遂げていたこと。構内は自然光もふんだんで、大きな松の木が並び、駅に置かれたピアノが音を響かせていた。へえ〜あのヤンチャだった近所の兄ちゃんがこんなに立派になった、な感じである。マルセイユの駅はクリア！ メトロの車内は少し緊張感が漂っていたので、手荷物は体の手前でしっかり押さえた。ヴュー・ポール駅に到着し地上に出ると眩しい青空！ 小さな漁港はすぐ目の前。10時半すぎ、魚市場は数店残るほどであった。パラソルの下では、あんこうの頭のぶつ切りが無造作に積まれ、赤みを帯びたかさごに鯖などを地元の人たちが買い求めている。新鮮さが食欲をそそる。南仏のカマルグ塩とハーブをまぶして焼いたらおいしそう！ 想像すると腹時計が進みそうなので一旦そばの教会へ。青い空と海に映える12世紀の白亜の港のサン・フェレオル教会はステンドグラスが波モチーフ。マリアさまのガウンも心なしかマリン色に見える。キャンドルを灯して春旅の安全を願い立ち去ろうとしたら、教会スタッフの年配の小柄なマダムと目が合い微笑み合う。マダムは、「丘の上に見晴らしの美しいノートルダム寺院があるからぜひ行ってみなさい。すぐそばの60番のバスで行けるから」と優しく声をかけてくれた。マルセイユはリベンジのことしか頭になかったが、昼食にはまだ早い。これも思し召しかもしれない。検索すると徒歩でも片道30分、何もせずおいしいものにありついてはならぬと歩き出した。漁港周りは少しざわつきもあり酒に酔ったムッシューもいたが、奥に入ると建物はパリと変わらずクラシックな美しさ。より年月を感じるのは海風にあたるからだろうか。船の装飾が壁面に施された銀行もマルセイユらしい。緑が青々とした大きな噴水広場には真っ赤な椅子が置かれ、マルセイユかなり良いかもと浮き足立ってきたが現れたのは長い急な上り坂！ 通りの同じ高さの家並みが傾斜で階段のように見えるほど。ニットにユニクロの撥水パーカーにオールドマンズテーラーのナイロンコートを着てきたが、風を通さないので（早春旅には心強かったが）サウナ状態！ 息を切らしながらどんどん上った。日差しもサングラスなしでは眩しくてならない。上りきったところで振り返ると町並みと碧い地中海が広がり圧巻の眺め!! そして偉大なノートルダム寺院。内部は天井の金の美しいモザイクが拡散し神聖な光で満たされていた。寺院の上には大きな黄金のマリア像が優しくマルセイユを見守っている。この寺院はマルセイユっ子からボンヌ・メール（優しき聖母）と呼ばれ愛されている。寺院周りを旋回するカモメに挨拶をして漁港に戻ったら、いざブイヤベースを！ 下調べした漁港そばの店は閑散としていたので

次の候補のレ·アルセノーへ。扉を開くととてもシックなレストランで、クラシックな書棚に落ち着いた照明、花の装飾。私はニット帽姿、一瞬入店を躊躇ったがオーナーマダムを始め皆さんにこやかに迎えてくれ、ホール真ん中の席に案内して頂いた。カジュアルな服装の人もいるがドレッシーな装いの地元風マダムも多い。姿勢だけでもとシャキッと伸ばす。果実みの深いトロッとした地元の辛口ロゼをグラスにたっぷり注いでもらうと、白い大きなスープ皿で軽く湯気を立てたブイヤベースが運ばれてきた。エレガントなスタッフマダムに付け合わせの食べ方を伝授されボナペティ！ と声かけてもらいまずはスープを！ サラサラしておらず魚介がすりつぶされた旨みがドロッと濃厚！ 思わずうっ！ と唸るおいしさ!! 青森の煮干しラーメンのごとく濃いエキス!! 付け合わせのカリカリに焼かれたパンにルイユ※をたっぷりのせて、行ってらっしゃ〜いとあんこう、ほうぼう、ムール、輪切りじゃがいもなどのいる海原に送り出す。パン船はすぐに沈みバランスを崩すから、大きなスプーンで救いだし口に入れる。ニンニクの利いたルイユにもジュワ〜ッとスープが染み、悶絶の旨さ!! 魚の身もほろっほろ。口のなかは魚でいっぱい！ 後味に残るすっきりオリーブオイルはルイユからだ。大きなほっくりじゃがいもをスプーンで軽く割り沢山のスープと共に味わう。なかなかのボリュームで、気付いたらニットも腕捲り。合間に南仏辛口ロゼを挟めば無限に食べられそう。私のお腹も海原だ。リベンジ大成功!! 願望叶ったお礼をマダムに伝えた。マダムもにっこり喜んで優しくコートをかけてくれたが、大丈夫です！ 暑くて暑くて！ と伝えると、ブイヤベース食べたからね！と旦那さんムッシューと笑って見送ってくれた。教会のマダムにぜひお礼を伝えたかったが姿あらず。私の優しき聖母さまにまたお会いできることを願って。

※ ニンニクが利いた少しスパイシーな卵黄ソース。

Meli-Melo

メリメロプロヴァンス風

4時に目覚めると黒藍色の空にはマカロンのような小さな白月。街灯が地面に反射して瓦屋根に影を浮かび立たせていた。冬旅エッセイを1話書き身支度を整えたら、エクスの旧市街へ。裁判所広場では朝市の準備、そばのカフェでは清掃のムッシューたちが一仕事終え団欒中。コルスのようにカフェと白ワインの組み合わせはないようだ。かつてはプロヴァンスの首都であったエクス。バロック建築の町並みの美しさが朝の静けさで一層引き立つ。散策していると噴水に面したブーランジュリー、ル・ムーラン・デ・アーティストから香ばしいパンの匂いが漂ってきた。オレンジの花水入りのふわふわブリオッシュや小サイズ(とはいえ私の顔より大きい)のフーガス※1など買って。アパートでプロヴァンス屋根と鳩を望むいつもの定位置でオレンジの花香る朝食を楽しんだら朝市へ！ カラフルなテントには南仏の鮮やかな野菜が並ぶ。真っ赤なトマト、濃紫の茄子は首枕によさそうな大きさ。旬の走りのアーティチョークに早春アスパラガスも太々。ムッシューにアーティチョークの茹で具合を尋ね、マラカスのようなぷっくり楕円でおいしそうなのを選んでもらった。お次はタプナード！ シェ・アランでは黒はもちろん緑オリーブのもの、バジル入りのものや赤パプリカやアーティチョークのペーストなども。まずはこれね！ と結んだふんわりウェーブが素敵なマダムお勧めのタプナード、アンチョビの入らないオリーブの旨さを満喫できるオリヴァードを注文した。この店はのんべえは近寄ってはならぬ。何故なら、蛸のマリネ、ふっくら小鰯の酢漬けにニンニクのコンフィー

※1 葉の形のオリーブ、ハーブの入る南仏の平焼きパン。フォカッチャは同系統。

（塩漬け）を追加しても、あ〜まだまだ目がさまよってしまう。我慢してエクスそばの風車で絞り出されたオリーブオイルの小瓶と山羊チーズで、デジュネ用の買い物を終えた。一旦荷物をアパートに置き散策を続け、昼時に戻った。今日も青空、光が部屋に差し込み気持ちよい。自然光で見るアーティチョークは淡い黄緑にほんのり紫色※2がかる花蕾。花と私をイメージし夫に送ったライン画像は、どう見てもご機嫌にマラカス握る女と題したほうが良さそうだ。ついでにフーガス仮面をつけた別バージョンも撮っておいた。たっぷりの湯でアーティチョーク、アスパラを茹でたらエクスデジュネ！ 題してマルシェメリメロ※3プロヴァンス風皿。蛸のマリネは柔らかもっちりでニンニクとライムにパセリが利き、小鰯もヴィネガーがよい塩梅。フォカッチャのような歯応えのフーガスもオリーブ入りでこれだけでもロゼが進む。陽を受けたプロヴァンス屋根を眺めエクスツマミでロゼを飲む幸せ。アーティチョークは一枚一枚ガクを外し根本の柔らかな3〜4mm部分を歯で噛んでしごき出し食べる。ホクホクとピスタチオのような味で少しほろ苦い。これが早春の味わいなんだろうと、ふきのとうを思い出す。本来はヴィネガーソースをつけて食べるが、味わい深く何もいらない。ガク部分を平らげたら蕾のような部分は固いところなどを落として食べると筍の食感だ。中心にいくほど食べる部分も僅かに増える。ガクを数えたらなんと65枚！ 花占いにはかなり多かった。

※2 南仏産は小ぶりで紫色。ブルターニュ産は丸く大きくて緑色。
※3 色々なものが混ざったもの。盛りだくさん。

Calisson

カリソン

冬旅エッセイの執筆で、エクスでは朝のテロワール酒はしていないことに気付く(笑)。早春プロヴァンスに似合う爽やかな朝も悪くない。朝市の荷物を置き18世紀のコーモン公爵の邸宅を改装した美術館の中にあるカフェ・コーモンへ。ピンクの彩りの甘美な貴婦人風サロン。ガラスのシャンデリアに大きな百合もいけられ優雅なお茶が出来そう。晴れていたのでフランス式庭園のあるテラス席についた。芝生は青々としテラコッタ鉢には蔦がそよぎ、苔蒸す小さな噴水からは水が絶えず湧きだす。赤いシクラメンの大きな鉢植えが目に鮮やか。背中にエクスの暖かな陽を受け、空にはカモメが気持ちよさそうに羽ばたく。栗色の髪を結わえたバレエダンサー風お兄ちゃんムッシューは、身のこなしも笑顔も軽やかに注文のカリソンタルトを運んでくれた。エクスと言えばカリソン※。もっさりした口当たりの印象があるが、コンフィズリー、レオナール・パルリで試食をしたら、ジューシーで香り高く喜んで買って帰った。こちらのタルトも絶品！ タルト生地には蜂蜜が利いたアーモンドクリームとオレンジコンフィーがたっぷり混じりここにもオレンジの花水が。上にふんわりメレンゲ。スライスアーモンドの香ばしさもよいアクセント。少し迷って合わせたダマン・フレールのキーマンが、大人なマリアージュを奏でる。午前のカフェはとても静かなプロヴァンスのひとときを堪能できた。

※ 生アーモンドにメロンコンフィー(砂糖漬け)を合わせ練り小舟形で糖衣したエクス伝統菓子。レオナール・パルリはオレンジコンフィーも合わせる。

Menton

マントンへ

アパートデジュネのあとはグラネ美術館や噴水を巡った。午後は少し肌寒さを感じるものの、エクスの春の訪れを町角で見つけるのもまた楽しい。南仏カラーの建物の出窓には満開のミモザ、花屋の軒先には黄色のラッパ水仙やカラフルなポピー、ショコラティエのウインドウにはパック（復活祭）の兎や雌鳥のチョコレート。パティスリーのアントルメ※のかすみ草の飾りには驚いたが。以前と比べプロヴァンス布を扱う店は少なく感じたが変わらず愛着が湧くのは、アパートからのプロヴァンス屋根の見晴らしが思い出深い美しさだったのと、カリソンのおいしさに目覚めたからかもしれない。翌朝、ミラボー通りの苔の温泉噴水でくつろぐ鳩にまたねと別れを告げ、マントンへ向かった。エクスTGV駅からTVGでニースに、TERに乗り換え計3時間半ほど。車窓から穏やかな早春のリヴィエラを眺めながら、エクスの残り物サラダ仕立てと同じく残り物ロゼ（機内食のミニボトルに移し替え）で昼食にした。プロヴァンス=アルプ=コート・ダジュール地域圏の名に相応しく、ニースに近づくと大きな海の向こうにアルプスの雪山が顔を出していた。列車はどんどん進み、イタリアとの国境、フランスのはしっこマントンまでやって来た！ 駅から真っ直ぐ線路沿いを歩く。碧い海が顔を覗かせると旧市街が現れる。まるでイタリア!!

※ パティスリーではホールケーキを指す。

Fête du Citron

レモン祭り

マントンの象徴はなんといってもレモン！ 地中海の温暖な気候に恵まれた黄金の果実の地である。毎年早春にフェット・デュ・シトロン（レモン祭り）が盛大に開かれる。今年で90回目！ ニースのカーニバルと並び南仏三大祭り※1の1つであり春を告げる祭りでもある。地中海に広がるカラフルな町並みとレモン祭りをこの目で見たくて選んだマントン。到着翌日の午前に張り切って黄色のボーダーシャツを着込み、アパートのある旧市街からレモン製品の土産物屋がひしめくサン・ミッシェル通りを抜け、祭りのメイン会場ビオヴェ庭園へ。通りの街路樹には小さなオレンジがたわわになっているから、テンションも高まる。もぎ取る人はいないのかと不思議に思いあとで町のムッシューに尋ねると、苦みの強いオレンジアメールという品種だから手が伸びないという（笑）。ビオヴェ庭園付近から沢山の人で賑わいはじめ、強い日差しの中ふわ〜っと柑橘の皮の香りが漂ってきた。レモネードやジャム、レモンタルトの露店も盛況だ。今年のテーマはオリンピア（オリンピック）。私としては愛らしいものを想像していた。庭園へ足を踏み入れるとレモンとオレンジで作られた巨大モニュメント※2。圧巻なのだがカヌーや水泳のバタフライ、レスリングなどが漫画タッチで造られており、ついクスッと笑ってしまった。

※1 残りは、マンドリュー・ラ・ナプールのミモザ祭り。
※2 祭り全体で180トンほど使用。祭りのあとは加工使用される。

Champ de Citron

レモン畑へ

レモン祭りの期間は、レモン畑の見学、ランドネなどのプログラムがある。快晴ならミモザやシトロニエ（レモンの木）を眺め歩くのも魅力的。マントン3日目は雲行きが怪しく、レモン畑見学へ。ビオヴェ庭園から送迎車で10分くねくね山を上ると、小柄で褐色のムッシューシアボーが笑顔で迎えてくれた。参加者はフランスのご夫婦など計8人。山間のIGP※のレモン畑は緩やかな段々畑で風が爽やかに吹き抜ける。山向こうはイタリア。見渡すとマンダリン、グレープフルーツ、オリーブの木も。緑、黄色、オレンジ色の風景が美しい。青空なら尚更かも。シトロニエは3mの樹高で、1mの高さから主枝が3本ほどに分かれ、そこから分枝する。たわわに実をつけたレモンは私の手の甲ほど大きく、黄色が鮮やか。ムッシューシアボーは豊かなトーク力で場を和ませると、高枝切り鋏でレモンをもぎ切りさっと布でふき、1cmの厚みのスマイルカットで勧めてくれた。爽やかな香りが漂い果汁が口一杯に溢れる。酸味は柔らかで厚い白ワタは苦みもなく、1個まるっと食べたくなった！ アルプスの雪解け水が地中に流れ、海風が抜け夏でも気温25℃、冬も温暖で1年で2500kgの収穫とか。ムッシューシアボーは毎朝絞りたてを飲み、張りのある美肌！ フランスからのお土産だよと、もぎたてを両手一杯に持たせてくれた。春旅の間、毎日そのまま味わう。いつもシミを増やし帰国するのだが、今回は恩恵にあずかれたかも。

※ EUの定めた農作物などの認証。生産地や栽培などに厳格な基準がある。

Citron レモン巡り

マントン到着の乾杯は爽快レモネード!! レモンが染み渡る！

ジャム工房で10以上試食してお気に入りはレモンにローリエの組み合わせ。

マルシェでもスーパーでも立派な葉付きレモン!!

セドラとレモンとミモザ。香りと色を楽しんで……。

粉の入らないスムールのケーキ。甘酸っぱいレモン果汁がしみしみもっちり。

レモンくんは肩(腕?)の位置が高いようです。

町で人気のグラシエではソルベマントネ(レモンチェッロのシャーベット)を。

言うまでもなく町のあらゆるパティスリー、ブーランジュリーには黄色のタルトがそこかしこに。

地の小魚フライにはなんといってもビールとレモン!!

Molt buono

モルトボーノ!

フランスの土地土地で建物や食べ物がガラッと変わることもあるが、一番驚いたのはマントン。この地はかつてイタリアやモナコやドイツの領地でもあったが、一番風土が濃く残るのはイタリアかもしれない。旧市街に足を踏み入れると、あのディズニーシーに迷い込んだようである。あちらはヴェネツィアやポルトフィーノがモデルになっているから、マントンもイタリア建築バロック様式の影響が大きいと言っても過言ではないだろう。海岸沿いの傾斜がきつい岩山に中世に建てられた旧市街は、細い坂道や階段状のトンネルが迷路のように入り組む。建物の幅は狭く奥に長い。海賊に押し入られないよう、入り口には太い鉄柵もある。壁はダークイエロー、オレンジ、ピンクでカラフルだが朽ち果て、以前の石が積まれた壁が顔を出すところも。旧市街の周りは、マントンの温暖な気候と碧い海を目当てに、ヨーロッパ各地から王族貴族が好んで避暑地として訪れた。パレスは旧市街と同じ色合いで今でも多く残る。そして耳を澄ますとイタリア語が入ってくることも。実際マントンには多くのイタリア人が住んでいる。マントン到着の夕ごはん、疲れもありアパートそばの店を検索すると、イタリア料理店ばかり。イタリアの風土を強く受けた土地なのだから、ここは大手をふってイタリア飯を堪能しよう! そう、コルスでは評判高いピザのキッチンカーがビーチにあり、何度も誘惑が押し寄せた。幸運にもイタリアピザコンクールで優勝した店、ピッツェリア430グラディが歩いて5分! 開店間もなく入ると、「ボナセ〜ラ[※1]!」とスリムでミラネーゼのようなおしゃれマダムが笑顔で迎えてくれた。ビニールのテント張りのテラス席に掛けると、すでに奥にはグループ客、隣はイタリアマダムの女子会で賑やかだ。イタリアマダムはどんと構え、かっこよい。プレーゴ、グラッチェ、チャオ! と知っている単語が陽気に力強く耳に入ってくる。店のスタッフも気さくで親切、フランス語も通じるが、ここは簡単な単語は検索しながらイタリアを楽しみたい。陽気なムッシューが「ボナペティート[※2]!」と、注文したブッラータとモッツァレラのトマトとアンチョビのピザとイタリアワインのグラスの白を運んでくれた。笑顔で「グラッチェ!」と返しブッラータにナイフを入れると、とろ〜んとミルキークリームが溢れ出す。手伸ばしのナポリ風生地の耳はぷっくり高く、小麦の味がしっかり深くサクッとモチッとし、焦げ

※1 こんばんは。 ※2 ボナペティ。

たところも香ばしくおいしい!! 耳だけでも、ペペロンチーノオイルをつければ良いツマミ。とろけるモッツァレラにさっぱりしたミルク本来の甘さのブッラータ、バジルは角なく風味よく、トマトは味が濃く、アンチョビのコク深い香りと塩気が合わされば、夢中で食べ進めてしまう。カットして手掴みでいきたいところだが、イタリアではピザはフォークとナイフで。大きいから終いにはナイフの切り分けも疲れてしまうが(笑)。辛口のイタリア白はよい休憩(笑)。気取らない雰囲気も心地よく、次はイタリア巡っちゃう!? 宝くじでも当たればやぶさかではない。幸せ満腹で「グラッチェ デリツィオーゾ※3!」とシニョーラ※4に伝えたら、お次はドルチェ! 選んだのはピスタチオアイスがのったババ! これもまた食感が軽やかで生地の気泡が上にのび、ホワイトラムシロップがたっぷり染み込んでいる。ナッツ感満載のピスタチオアイスと一緒に頂けば、マントンから国境を軽く飛び越え気分はイタリア旅……。エスプレッソの砂糖のパッケージにはズッケロ※5と書かれ、フランスエスプレッソよりトロッとして濃厚で2口でくいっとはいけない。飲んで! と頂いたのはリモンチェッロ。爽やかなレモンとほろ酔いが身体に染み渡り、その夜はたっぷり熟睡できた。

翌朝、静まるサン・ミシェル教会から朝の清閑な光に照らされた海を眺め、マントンの海辺の小石のモザイクがあしらわれた階段をジグザグと下り、海岸に降りた。澄んだ碧い海は波もゆるやか。波で丸く削られた小石のビーチから振り向くとヤシの木越しに美しい教会の鐘楼と旧市街の町並み。もう少し先に進んで、昔要塞だったジャン・コクトー美術館横の長い堤防の遊歩道からはさらに目先高く眺められる。カモメがすーっと滑らかに飛び要塞で身を休める。柔らかな朝日は刻々と強く差す。サングラスをかけ海岸沿いをさらに進むと1898年に開かれた黄色のマントンカラーのレ・アール市場。軒先で売られ

※3 歓喜という意味でおいしさの表現にも使用。フランス語のデリシューにあたる。
※4 マダム。 ※5 砂糖。

ていた輝く満開のミモザのブーケを手にし、市場の中へ。旬の大きなマントンレモンにコルスの何倍も大きいセドラが、葉つきでごろごろ並んでいる。小さな漁港町、海鮮も豊富。中でも店手作りのニシンの酢漬けや蛸のサラダ、ぷりっとした茹で海老に目が釘付けに。滞在中にぜひ食べよう、でもまずは朝ごはん！ カウンターの店で3人のマントンムッシューが、何やらうれしそうな顔で朝からケーキを食べているではないか。私も相席お願いしたい。「ボンジュー！」とカウンターのオレンジがかる栗色ワンレンのロングソバージュのマダムに声をかけたら、ハスキーでかっこよい挨拶が返ってきた。あらイタリアマダム！ そしてカウンターのショーケースにはびっしりイタリアドルチェ！ イタリアは、学生時代の美術研修旅行で訪れたことはあるが、バールでの朝食は初めて。レモン風味の爽やかなホワイトチョコが詰まったバリバリ生地のカンノーロ、パイ生地がヒダ状になったスフォリアテッラ、三角カットされたドルチェなど、迷う、迷う

のだ。だが、ここはバール。さくっと注文しなくては。エスプレッソにカンノーロなど3種類欲張りに頼んだ。隣のマントンお兄ちゃんムッシューに抜群のおいしさ、と勧められたアーモンドのケーキも注文したらよかったと今でも後悔している。それほどまでにここのドルチェは私を虜にした。勿論甘い、でもピザもそうだったが1つ1つの素材の品質がよく、初めてフランス発酵バターを味わった時のようなハッとした出会いだった。脚の高いカウンター席によいしょと腰掛け、イタリアマダムの淹れるエスプレッソマシーンの音をうっとり聞き、ここでもイタリアを楽しんだ。そして翌朝もこのバール、カフェ・ナポリのカウンターに腰掛けた。ショーケースのドーナツはふかふかな生地で粉砂糖がまぶされ、イタリアでもフランスでももはや構わないと頼んだら、ナポリドーナツだった。ジャガイモが入った生地は、ふわふわモチッ! レモンも香る。まろやかなカプチーノと一緒に頬張ればほっぺも落ちる。昨日マダムから習った「モルトボーノ[※6] !!」を連呼したらマダムは大きく笑い、一緒に座っていた隣のブゥシュリーのムッシューも笑った。もうひとつ隣の少し緊張気味のアメリカのツーリストムッシューにもこの言葉を教えてあげたい。大きな身体の市場のムッシューが手のひらに小さなマシュマロ4個をのせ喜んで買っていく。市場の人にも愛されるカフェ・ナポリは、毎朝でも通いたい。

そしてマントン滞在中のイタリア外飯はまだ続く。マントネ[※7]の常連で賑わう裏通りにあるリトル・イタリーの海老と貝がどっさりの漁師風パスタをプロセッコで味わい、マントンの碧い海をながめながら、町中あちらこちらで目にしたオレンジ色のカクテルアペロール[※8]を昼下がりに楽しむ。イタリア語力が日に日に身に付くフランスマントンである。

※6 とてもおいしい。フランス語でトレボンにあたる。　※7 マントン出身の男性、もしくは男性と女性まじる複数形。
※8 イタリアのオレンジとリンドウの根などがブレンドされたリキュール。スパークリングワインや白ワインと炭酸水で割る。

Mentonnaise

マントネーズ

レモン祭りで賑わう町の中心とは相反する旧市街の静けさ。ひっそりな小路の迷路を楽しみ坂を上り、旧市街を抜けると古木のオリーブや満開のミモザの木もあちらこちらに。見晴台からは青空に広がる碧い海とオレンジ色の屋根の旧市街が見渡せる。そばには城跡に集合墓地がある。時代めく墓が多いが怖さを感じないのはこの眺望と早春の日差しのお陰かもしれない。夫婦で時々死後どこに眠りたいか妄想話しをするのだが、私は常にパリのセーヌと言ってきた。冬旅でアヌシー湖を見たときはここかも！と思った（セーヌのよどみに怯んだ）が、冬の凍えで安眠できるか悩む。こちらの海はいかがだろうか？ 死後に陽気で心穏やかなマントネーズ[※1]になるのも悪くない。夫は故郷の山口の海が良いという。あの世では飛行機は必要ないはず。ふわ〜っと山口とマントン往来しよう（でも方向音痴にそなえ分骨はありかも）。さて、私はマントンレモンの自己流の食べ方を編み出した。市場で買った蛸サラダに酢漬けニシンのロールモップス[※2]は、レモンビールに合い鼻唄出るおいしさだが、茹で海老は味噌をすすり身を食べて太めのくしぎりマントンレモンにかぶりつくのだ。テキーラのライムの如く。甘い身のあと爽やかなレモン果汁シャワー、まさにこれこそ海老のカクテル（笑）！ ビーチのそばの露店の魚フライでも試し済み。マントンではぜひお試しあれ。

※1 マントン出身の女性。
※2 玉ねぎなどを酢漬けニシンの切り身で巻いたもの。

Pastis

パスティス

マントンの町は、レモン祭りが終わったら夏のバカンスシーズンまで、どんな静けさを取り戻すのだろう。最終日の朝もカモメはよく鳴いている。ワサワサ羽を揺らし気流に乗ると、風に身を預ける。ニースならあっという間なのだろうか。よかったらまたニースで！ とカモメに呼びかけTERに乗り、30分ほどで移動。五ツ星ホテルもあるがのんびりしてるニースは心地よく、留学時はバカンスに来ていた。ニースもカーニバルで賑やかだが短い滞在時間、どうせならニースっ子が集う場所へと、訪れたことのない朝市に向かった。ジェネラル・ド・ゴール広場には沢山のテントが大通りに並ぶ。八百屋の数も相当、贔屓を見つけるのも大変そうだ。そばの屋内市場はこぢんまりし、少し暗めでオレンジ色の灯りが情緒を誘う。ご年配のムッシューとマダムが切り盛りする市場のバーでは、肩並べパスティスを飲んでるニソワ[※1]ムッシューたち。飛び込みたいが少し躊躇し通りすぎ2周目でなんとかカウンターにひょっこりと顔も出しムッシュー、マダム、皆さんにご挨拶。ムッシュージャン・ポールはよく来たね！ とマダムとにっこり。南仏ロゼを頼むと「一緒に食べて。ニース名物のピサラディエールにタプナードだよ、マダムの手作りだよ」と次々出してくれた。どちらもよい塩梅！ ピサラディエールは玉ねぎの甘みが利き、タプナードはふくよかなオリーブの旨み。手作りが頂けるなんてうれしい、デリシュー（絶品）！ と伝えると、満足げなムッシュージャン・ポールの顔。素敵なご夫婦だ。日に焼けたニソワムッシューたちは、一見迫力があるがみなさん温かい。私の親世代の客マダムも、上品にグラスの白をきめながら色々話しかけてくれる。みなさん日本の桜をテレビで見たと言う。桜の話ならありがたい。以前パリのビストロのカウンターで仲良くなったオーナームッシューと日本の話になり、ミカドについてどう思っている？ なんて聞かれた時は口がアワアワした。そう言えば、夫とジュネーブの地元カフェに入った時、客のムッシューと話が弾んだものの、十二単を茶化してきたので私も負けじとマダムマリー・アントワネットのドレスを例えにして張り合った（笑）。今思えばフランス語での会話でついスイスにいることを忘れマダムアントワネットを例えてしまった。完全なるしくじりだが、ここでは色々な心配はいらないようだ。カウンターでは常連に混じり、さっと一杯客も多い。パスティスは

※1 ニース出身の男性。女性はニソワーズ。

白いもの[※2]だけと思っていたが、隣のムッシューはきれいなベリー色パスティスをくいっとしている。パスティスはアニスのリキュールで、水で割って飲む。有名なリカールはアニスに甘草を加えたもの。興味はあるものの独特な香りで躊躇していた酒だ。ムッシューに尋ねると、グレナデンシロップが入っていると。お〜！ 私もそれを飲んでみたい！ 心の声を悟ったかムッシューはジャン・ポールに頼んでくれたが、これは日本の酒と同じで強いのよ、とマダムが止めに入った！ お母さん、ちょっとだけ、ちょっとだけでも飲みたいの〜と嘆願したら、ゆっくり飲みなさいね、と私に、あなた水も一緒に出してあげて、とジャン・ポールに言ってくれた。グラスに氷を1つ入れ、シロップを注ぎ琥珀色のパスティスを加え水を注ぐと、ベリーのグラデーション、飲み口近くはイチゴミルクな可愛い色。仰せのとおり、ゆ〜っくりグラスを傾け小さくひと飲み、アニスの香りも意外によく、ザクロの甘みで甘草のクセもおだやかで、あらっ、いけちゃうかも！ おいしいかい、よかったとジャン・ポールやニソワムッシューたち。マダムもしょうがないわね、と優しく微笑む。みんなでザンでサンテ！ と乾杯。パリ行きの朝一のTGVに乗るための移動地と考え半日もいなかったニース。しまった!! なんなら1週間こちらへ出勤したい。ほらっ、常連ムッシューが、パスティスだけでなくもっと地元ワインも飲んでってとご馳走してくれるじゃないの。

※2 アニスのオイルが水のなかで乱反射するため。

Alliance Taureau

牡牛座同盟

ニースでは、市場のあとニソワが好きなソッカ※を味わい、カーニバルの花パレードの残香と共に海岸沿いのプロムナード・デ・ザングレの遊歩道散歩を楽しんだ。多くのツーリストに押しやられ旧市街まで歩いたが、なんとここの町並みもマントンの雰囲気に近いイタリアバロック様式。アヌシー同様サヴォイア家に統治されていたらしい。イタリア料理店が多いのも納得。今回のフランス旅で会得したこの小さな知識を、タイムマシーンに乗って、ニースで日焼けの肌に花柄キャミで苺アイスを頬張るソバージュヘアの私に自慢したい。あんた気付いてないでしょと。私のことだからもっとお腹にたまる情報はないのかと折り返されそうだが。翌朝の移動に備え駅近のホテルで眠りに落ちているとドーーン!!と雷響。びっくり目覚めると次は少し鈍く乾いたドーーン!!の音。ベッドから最上階の天窓を持ち上げ顔を出す。雨風が容赦なく顔にぶつかるが、散歩した通りの方からキラキラ目映い大輪のダリアのような花火! カーニバルの終わりを告げる前夜の花火で私のプロヴァンス=アルプ=コート・ダジュール旅の幕も閉じた。

翌朝、モノプリのサラダニソワーズと一緒に、パリのリヨン駅行きのTGVに乗り込んだ。5時間半ほどの列車旅。もはや懐かしいプロヴァンス屋根の町を通り抜け、途中リヨン付近ではうっすら雪景色。テレビでもフランス内の天候の温度差を強調していたが、実際目にすると不思議な感じだ。さて、フランス地域圏残りの旅は路地友マダムこのかと一緒に旅をする。同じ路地に住み同じ贔屓の角打ちで飲むこのかさんは年上で、出会ったのは15年前。でも同じ小中高の同級生な感じの我々である。それは、2人が同じ牡牛座同盟で、お互いマイペースさと好奇心のバランスがなんとなく似ているからかもしれない。しかし同じ牛でも私はむしゃむしゃ牧草を食べ背中に止まる小鳥をこそばゆく思いつつ手が届かない牧場の牛で、あちらはきっとモンゴルの草原あたりを悠々と遊牧民と旅する牛なのだと思う。旅慣れたこのかさんにフランスのマダム旅を満喫いただけるよう、いや2人でいつもの角打ちのように楽しめるよう願うばかり。パリのヴァンブそばの古本市で再会。会う前はドキドキしたのだが、なんてことはない。いい意味で顔を合わせるとパリも路地になるのだ。その夜はこ

※ ニースの郷土料理。ひよこ豆の粉にオリーブオイル、塩、水を混ぜ高温釜や鉄板で大きく薄焼きをし切り分け出される。生地は表面パリッと中もっちり。

のかさんのシックな旧友ムッシューのりさんお勧めのビストロ、ヴァン・ヴァン・ダールでオーナーシェフTOGOさんのおいしい和のエッセンスの利いたパリ料理とナチュールを堪能。雰囲気もよく地元のパリジャンやジャポネ（日本人）の常連さんで温かな賑わい。喧騒のパリでほっとおいしい羽休め。

翌朝、モンパルナス駅からいざ出発！ ロワールのアンジェ・サン・ロー駅で長距離バスに乗り換えトゥールへ。フランスの地方は交通網があまり充実しておらず、時間や曜日により動きが制限される。「移動も旅の醍醐味」と思えれば、フランス旅はより楽しい。トゥールは時間があれば古城巡りも素敵だが、ここに来る理由は1つ。私の好きな感じを醸し出すルーティエ系のル・グリヨンがトゥールの隣町にある。バスを降りるとさっとこのかさんは地図を読み解き方向を示してくれる。ありがたき才能よ。2人くっつき歩き、店前になると私が1歩前に出て大きな顔してガラス扉を開き「ボンジュー！」の見本を（笑）。正午の店内はすでに常連ムッシューたちで大賑わい。おそらくリュックを背負ったアジア人マダム客は珍しかったことであろう、ムッシューたちは少し驚きつつ、でもはやし立てるように賑やかに挨拶を返してくれた。カウンターには同世代のグレーヘアーの渋おじムッシューに、ロックな金髪おさげに豹柄ビスチェがとてもお似合いのマダムも笑顔で迎えてくれ、赤のテーブルにピンクのペーパーがキュートなテラス席に案内された。ビュッフェスタイルのアントレには手作りのトゥール名物のリエットをはじめ、ウフマヨ、ビーツマリネ、ニシンとじゃがいもの

サラダにシャルキュトリーも豊富……。このかさんにも堪らない光景なのか、目が輝いている。それは初デートに選んだ場所を相手が喜んでくれたうれしさに似ている。ワイルドイケおじのオーナームッシューに検索で見つけここにぜひ来ようと思ってと伝えると、はるばると！ とうれしそうにグラスに白ワインをたっぷり注いでくれた。「ロワール到着、初サンテ！」と乾杯し味わう数々。ふわふわで滑らかな口当たりの絶品リエット！ 麦わら色の辛口白が進むこと。カフェオレボウルで存分に食べたい!! しょっぱすぎないから、バゲットにこんもりのせてかぶりつこう。プラは豚のアレニエソテーを。アレニエとはフランス語で蜘蛛の意なのだが、モモ肉のとても柔らかな肉の部位名でもある。ニンニクソースがよく馴染む柔らかな肉は、噛み出すと繊細な旨みが広がる。このかさんは牛ハラミステーキの胡椒ソース、インゲンソテー添え。女子旅ならではの「ちょっと交換」の2度おいしいを味わう。豚の付け合わせの手作りフリッツもカリッとほっくり。ソースを絡めて食べたらあっという間に白い皿に。隣の席の細身のムッシューは、トリップ煮込みを食べているがワインは飲んでいない。酒なしのトリップとはかなりの好物に違いない。目が合うと私たちに軽く微笑んでくれた。デセールのキャラメルバタープリンもまろやかで、おいしく人情味あふれたデジュネになった。始め良ければで2人旅とっかかり良好!! クローバーや姫すみれも生い茂るロワール川岸に寄り道しながら駅へと戻る。端から見たら背負った大きなリュック2つがランドセルに見えていたかもしれない。

Carre Cointreau

コアントロー

独立する前の勤め先のご縁で、アンジェにある1849年創業の伝統あるオレンジリキュールのメゾン、カレ·コアントローの蒸留所の見学に訪れた。コアントローといえば、日本でもカクテル好きならマルガリータなどでピンと来るはず。ビターとスイートの2種のオレンジピールで、フルーティーな甘い香りと柑橘やミントのようなフレッシュビターな香りが絶妙に混じりあう。ミルクチョコガナッシュに加えたりと菓子作りで使用するのも好きだが、ストレートでアロマを堪能しちびりと飲むのも好きである。アンジェ泊2日目の見学当日は、バスのルート変更でアポイント時間すれすれ。2人の前にニンジンならぬ角瓶がぶら下げられ、コアントロー！ カクテル！ と連呼し中学の朝練ランニングでは出せなかった根性というものを発揮して、アポイント時間にセーフ！ 大きなコアントロー看板を見つけた時はお互いを誉め称えた。緑豊かな敷地でオレンジプリントの扉を開けると、すぐにメールでやり取りをしたマダムヴァレリーが華やかな笑顔で優しく迎えてくれた。忙しいスケジュールなのに、とてもハツラツとして温か。蒸留所

ミュゼのマダムも皆さん揃って同じだから素晴らしい職場なのだろう。フランスのムッシュー、マダムたちと揃って蒸留所ツアーへ。案内はマダムソフィー、イヤホンからは明るく心地のよいフランス語。コアントロー創業者ムッシューエドゥアール・コアントローとその兄弟ムッシューアドルフの歴史に始まり、オレンジと緑のステンドグラスから自然光が広がる蒸留所内へ。オレンジピールの香りが充満し圧巻の眺め。ずらっと並ぶ創業当初から稼働する銅製の蒸留機は温かに光を帯び、伸びた細い管は綺麗なカーブを描きまるで楽器のよう。この蒸留器への敬意を表しコアントローボトルのキャップは銅色。1年で使用されるオレンジピールはなんとエッフェル塔と同じ重さ（蒸留後のオレンジピールはコンポストに）！ 原料はスイートとビターの2種類のオレンジピールと水とアルコールと砂糖のみ。スペイン、セネガル、ブラジル、ガーナなどのオレンジの皮を種類に合わせた切り方で手作業でむき、よく天日干しさせたものを絶妙にブレンドし14時間寝かせてから蒸留させる。蒸留所内では、直接2種のピールの香りをかいだり、アールヌーボー期からの企業広告ポスターのコレクションを見ることができる。当時大人気だったコアントローのアイコン、ピエロのポスターもバラエティー豊か。おまちかねの試飲は円形のモダンなカウンターで。両隣のグレーマッシュに赤い丸眼鏡、グレーショートに黒四角眼鏡のお洒落な2人のマダムたちとコアントローフィズでサンテ！ と乾杯。グラスに半分以上の氷を入れ、コアントローを50ml、ライムを1/2個絞り炭酸水をグラス3/4注ぐ。炭酸水

は塩度の低いものが良いとのこと。氷と合わせると乳白色になるのは抽出されたエッセンシャルオイルの質が良いため。今回は葡萄ジュースも少し加わりきれいなピンク色。爽快な香りと口当たりにエクセロン(素晴らしいわ)！ の声があちこちから。家庭でも楽しめるコアントローカクテルの作り方デモへの眼差しも真剣。留学時、ホームステイ先のホストも週末によくアペロしていたから、フランスでは家庭でも気軽にカクテルを楽しむのだろう。我が家でも年齢と共に飲む量も減ってきているから、まったりホームカクテルも良いかもと妄想していたら、コアントローノワールのグラスが運ばれた！ 頂くのは初めて。こちらはコアントローとコニャック、レミー・マルタンがブレンドされたもの。元になるレシピはムッシューエドゥアールのものと言うからびっくり。ドライフルーツやナッツ、オレンジピール、バニラの組み合わせの香りと味わいもとてもゴージャスで、ストレートで味わいたい。隣のマダムも口にして深く頷いている。コアントロー大満喫のなか、マダムヴァレリーに2人でお礼を重ねて。今まではフランスのコアントローというイメージだったがアンジェで出会えたヴァレリーや皆さんの素敵な出会いを思い返すコアントローに変わっていった。

Saint-Malo

サン・マロへ

アンジェでは、フランス現存最古の美しいタピスリーがあるアンジェ城見物や、女子旅らしくサロン・ド・テで雲のようにふわふわなサン・ネクテールチーズのキッシュとクレメ・ダンジュー[※1]を頬張り、モノプリで買い物してアパートディネなどを楽しんだ。学生の多い町だが落ち着いていて、コロンバージュや中世のアンジュー公国首都の石灰岩の美しい建物が残り、通りには満開の木蓮が美しい。2人旅間もなくにブーランジュリーでこのかさんに魔法の言葉を伝授した。「シルヴプレー（英語でプリーズ）」。買い物では単語1つでなんとかなるが、単語のあとにシルヴプレーがあるのとないのでは、オーバーだが銀行の強盗と客ぐらいの違い。（前者→金だ！ 後者→お金をお願いします）緊張しながらもがんばり「クロワッサン」と発音するこのかさんに、横からあの女将さんのように小声で「クロワッサン シルヴプレー」と伝え実践いただいた。店の優しいマダムの頬が少し染まり「メルシー！」とこのかさんへにっこり。私ももらい笑み。

2人旅3日目の朝は、フランス最西のブルターニュへ。6時半にアンジェ駅からレンヌ経由でサン・マロへTERで3時間。出発前に残ったロワールのクレマンをジュースのようにテーブルに出し、同じく残り物のパテを2人で片付けた。早春とはいえまだ暗い、列車の車窓でも月が顔を出していた。久しぶりのサン・マロに到着！ アパートからは海が見え、カモメも向かいの屋根で羽を休めている。広々なリビングもフレンチシックなこと。部屋割りしすぐに海岸に出向きブルターニュの海風にあたった。穏やかな海はどこまでも広く、ベージュの砂浜はおいしそうな海草を纏っている。そばの17世紀の小島の要塞へ干潮で現れた陸の岩を渡り近づいてみた。サン・マロは中世の海賊の町。フランス王の公認のもと略奪をし港町は繁栄した。旧市街を12世紀の城塞が取り囲み風情豊か。第二次世界大戦では建物は大破したが、海賊魂で崩れた石で建物を復元させたという。旧市街にはバター濃厚なクイニーアマンに、ファーブルトン[※2]が並ぶパティスリーに、土産物屋にはキャラメルやカモメの卵に似せたチョコレートやガレットブルトンヌ[※3]、魚介の缶詰……忘れてはいけない、クレープリー!! 開店時間にル・ガロの扉を開けた。天井の梁、美しいブルターニュタイルのテーブルに藤張りの椅子も風情たっぷり。ガレットのメニューは100近く、クレープも80

※1 生クリームとメレンゲのムース。 ※2 プルーンが入ったもちっとした厚みのあるカスタード生地のブルターニュの焼き菓子。 ※3 円盤状でたっぷりのバターと塩気が利いたブルターニュのクッキー。

近い。迷い出す前に、帆立と卵ときのこのパセリバター※4ガレットとデセールに塩バターキャラメルのタタンクレープを注文。ブルターニュでの乾杯はもちろんシードルで!! ヒョウ柄シャツのスリムなマダムがてきぱきとシードルを運んでくれた。ボレ(陶器のカップ)2杯目からは手酌が暗黙のルール(笑)。シードルはフレッシュさもあり程よいりんごの渋みでガレットに合いそう! 店の奥でムッシューがガレット生地を鉄板の上に流し、熟練の手さばきで木ベラでさっと丸く薄く伸ばす。焼き上がった生地は美しいレース模様。こんなハンカチを胸ポケットに挿したいものだ。食欲をそそるパセリバターの香り、蕎麦粉の風味も香ばしく力強い、半熟目玉焼きにナイフを入れ、具材に絡ませ熱々を口に入れる。柔らかで甘い帆立にベーコンの脂でソテーされたマッシュルームが……海と森の出会いはなかなかいける。ナイフを入れるごとにカタカタ皿の音が鳴る。2人のテーブルや、あちらこちらから鳴る12時半満席のおいしい音。クレープ生地のはしっこはバリッと中心はもっちりで、タタン(りんごのキャラメル煮)は良くカラメリゼされているが酸味も残る! うっとりして顔を上げるとこのかさんがむせている。フランベされたカルヴァドスが強かったと! ほんと〜? と言いながらつまみ食い。じゅわっとカルヴァドスが染み込む甘いクレープ生地が大人味で最高だ。まだ少しむせているのをいたずら笑いで見守った。

※4 パセリとニンニクを利かせたバター。

Huîtres Belon

ブロン牡蠣

東の海岸沿いを進むと旧市街の反対に住宅街がある。ノルマンディーの海岸沿いではコロンバージュの瀟洒な邸宅が並んでいたが、こちらは切り石の壁に屋根は急勾配の三角屋根でどことなくイギリスのコッツウォルズのような雰囲気を醸し出す。ブルターニュはかつてケルト民族が造ったと言われ、文化や風土にイギリスの影響を受けている。こぢんまりなサイズ感と玄関先の小さな庭にも親近感が湧き、「マダム、こちらの物件はいかが?」と2人でひと時の不動産屋を気取り、しまいにはお隣さん物件でお互い落ち着くこととなる。そんな散歩も交えながら、アパートディネの買い出しに。翌朝は海岸の岩山に座り朝日を眺め、海風に震えながらクイニーアマンを頬張った。

2人旅の初日から、このかさんはある言葉を連呼した。私はそれをサン・マロでと期待を持たせてきた。フランス語でユイットル、牡蠣である。幸いRがつく※3月。せっかくならより新鮮なものをと、バスで30分ほどのカンカルへ小遠足を。バスはカンカル教会前に到着。ブルターニュ伝統のコアフと呼ばれる白い帽子姿の女性が牡蠣籠を手に牡蠣を洗う銅像がある。籠からは海水の如く水が滴り落ちている。牡蠣市場にますます期待が高まる。といっても私は食べられない。もともと大の牡蠣好きだったのだが、かつてホームステイ先で、ノエ

ルの12月25日に1ダース以上の牡蠣を食べ、入院をした。パーティードレスの医者マダムが駆けつけそのまま救急車で運ばれた記憶も、昨日のように鮮明だ。広場から坂を下ると灯台が目に入り、潮風が鼻をくすぐる。サン・マロ同様の大きな潮の満ち引きでプランクトンが豊富に繁殖しおいしい牡蠣が育つそう。すぐ先に10店ほどの青白縦縞牡蠣市場！ 背後には大きな牡蠣の保管箱が並び、牡蠣箱を運ぶ大きなトラクターが行き交っている。平日だが、市場周りでは青空の下、中高年ムッシュー、マダムがワイングラス片手に、旨そうに牡蠣をすすっているではないか。かつては絶滅寸前になりかけ今でも貴重なフランス在来種のブロン牡蠣がカンカルでは養殖される。日本では食べられない平牡蠣で日本の真牡蠣のように大きくないが繊細な旨みを持つ。このかさんは牡蠣畑ならぬ花畑気分でどの店にしようか楽しそうだ。手にしたのは真牡蠣と平牡蠣のミックス。マダムが手早くその場で殻を開けてくれる。ハーフレモンには親切にフォークが2本刺さっていた。あ〜ジェラシー（笑）。近くにいたムッシューが、僕が牡蠣を守っていてあげるからワイン買っておいで、と！ ワインは市場そばのカミヨン（トラック）で買う。ブロン牡蠣エア食いならシャブリ。ムッシューにお礼を言ったら「サンテ！」と乾杯！ ブロン牡蠣は優しい薄茶色で、フランスではノワゼットの風味がすると言われている。幸せそうに口にするこのかさんの顔からおいしさは分かった。ではしっかり胸を開き牡蠣エキス香を存分に吸い込みシャブリを口のなかで転がすとしよう。

※ フランスではRのつく月、9月から4月に食べるのが良いと言われる。

Ciel

空色

サン･マロの朝はフレーズ(苺)色。夕はオランジュ(橙)色。この瞬間で時が止まって欲しいが、また明日の空色に出会う。旅と同じで。

Galette Bretonne

ガレット・ブルトンヌ

フランス旅はいよいよ佳境。それにしても女子2人旅は、何故もこう口が休まらないのか（笑）。夜はノルマンディーで味をしめたカンシーをぐびぐびしながら、海老にビュロ貝に、割引シールが貼られた瞬間手に取った半身のプレ・ロティ（若鶏ロースト）、ブルターニュの海塩バター厚塗りバゲットを無造作に頬張り、朝はビオの濁りシードルを起き抜けの身体に染み込ませながら、焼いたラムの骨付きロースにエクスで買ったカマルグのハーブ塩を振りかけかぶりつき、おしゃれダイニングを潮風ならぬラムの匂いで充満させた。その間、フランス人を見習いおしゃべりは切らさない。気分は「やっぱり猫が好き」の姉妹暮らしで私は三女のきみえ、このかさんは長女のかや乃がいいと言うが、いやレイ子でしょ（トラブルメーカーの意はなし！）。無邪気さと「ちょっと～」と言うニュアンスがレイ子だ。となると、肝心の長女かや乃は?となる。このかさんはなんなら私は、はいり（片桐はいりさん）でもと言い出す。そしたら舞台はあの食堂になってしまうし、またマサコ問題が出てくる（笑）。さて次女と三女はサン・マロに別れを告げ、TERでサン・マロ駅からレンヌ経由でカンペールに。そこから通常はバスがあるが、タクシーでアイルランドの聖人ロナンが培ったロクロナンという小さな村へ。ケルトの心が今でも宿る中世の石造りの建物には苔がむす。雨が多いのだろう。フランスの今まで見てきた景色とはあきらかに違う。その日は雲が灰色で、村はより荘厳さを醸し出していた。村の中心はサン・ロナ

ン教会。ベートーベンのようなカツラを被る私好みの可愛いガーゴイルもいたが、かなり朽ち果て教会から今にも身を放ちそうで心配。その前の広場の古井戸に面したパティスリー、ル・ギヨー・アランで卓越したガレット・ブルトンヌに出会った。5代続くブルトン[※1]が作るガレットは、ナイフを入れるとスッと入り、しっとりした生地は舌触りよく口のなかでさらっと溶ける。絶妙な焼き色だからバター臭さもなく、ガレットブルトンヌ特有の塩みが上品に利く。バイヨンヌでのガトー・バスクもだったが、ガレット・ブルトンヌがこんなにおいしいものだとは。そして甘酸っぱいリュバーブと一緒に焼いたガレット・ブルトンヌは、今でもため息がでるほどのおいしさだった。翌日はこのかさんの帰国に備え、レンヌへ移動泊。滞在時間は少ないながらも、コロンバージュが残る旧市街を楽しんだ。とりわけ素敵な出会いは2つあり、1つはカフェ・ジョワイユー・レンヌ[※2]。エスプレッソじゃないコーヒーを飲みたくてふらっと入ったら、スタッフのみなさんが大家族のようで温かな空気。精神疾患や認知障害を持つ人たちが、サポートを得て快活に働いている。フランスではこれらの障害を持つ人が一般の職場で働いているのは1%にも満たないそう。社会での自信も身に付けた笑顔はとても輝いている。コーヒーもクッキーもおいしく特別な店感はなく、レンヌの町角の心地よいカフェとして地元の人に愛されていた。2つ目は リス広場の古き良きワインバー。満席かなと様子を伺っていたら、ターバンがお洒落な常連マダムが「奥に入れるわよ」と誘ってくれた。シャンソンの名曲がかかり、カウンターには小さな鉢植えの花。熟年オーナーマダムの周りは常連さんで賑わう。みなさんに温かく迎えていただき、2人旅最後の夜はフランスの人情味溢れたサンテ(乾杯)で満喫した。

翌日、一足早く帰国のこのかさんと別れ、またオテル・ショパンに戻ってきた。フランス全地域圏のマダム旅、ここで閉幕の乾杯をと、ル・バロン・ルージュのザンに潜り込んだ。閉幕の乾杯にはアンコールがつきもの、その話は「おわりに」に繋げて。

※1 ブルターニュ地方出身の男性の呼び方。女性はブルトンヌ。

※2 フランス国内外で展開される。利益は全て障害を持つ人々の雇用と研修に当てられる。

COCTEAU
Régional
Provence-Alpes-Côte d'Azur

6€
la botte
6€
la botte
LAMPIONS
2€60
SNCF
RÉGION
SUD
Natura
Bio
MALO
719
09h35 Paris Montparnasse
Laval • Paris Montparnasse
09h35 Saint-Malo
Pontchaillou
10h04 Granville
10h29 Quimper
10h33 Brest
10h36 Nantes
10h40 Saint-Brieuc
10h40 Fougères
départs

Rencontre en France

フランスで出会った人たち

Artisan Glacie

Chien et Chat

フランスの犬と猫

Motif animalier

フランスの動物モチーフ

Porte

フランスの扉

フランスの町には素敵なものが溢れている。扉もそのひとつ。

117
80

Carte postale

エアメール

旅先から、家族に友人に、ちょっと未来の私に宛てて。

Annecy
COLMAR
Une pensée d'Alsace
RIBEAUVILLÉ
Nancy
Paris-Les Champs-Elysées
AIX-EN-PROVENCE
LE COURS MIRABEAU - LA FONTAINE MOUSSUE
Bonjour de Marseille
MENTON
French Riviera
Côte d'Azur
Nice
Saint Malo
MARCHÉ AUX HUÎTRES À
Cancale
LOCRONAN
Rennes

FABRICATION
TRADITIONNELLE
Petit

Mémoire

旅の余韻

余韻を纏う

好きな写真をそのまま、あるいは加工してTシャツに。自分だけのご当地Tシャツ。携帯から注文できるTシャツ作成ネットショップは優れもの。

余韻のおすそわけ

旅先で出会った味を再現し、家族や友人とエピソードを交え楽しむ。料理名が不明ならグーグルレンズで検索、レシピは翻訳機能を使い料理するのも楽しい。画像は冬に訪れたアルザスの郷土料理ベッコフ！

余韻の瓶詰め

旅先の切符やチケット、可愛いラベルやコルクなどを瓶に詰め飾れば、思い出も味わい深く。紙ものなどに描かれた建物や植物、動物を切り抜き、風景になるよう詰めるとより愛着が湧く。

Essentiels de voyage

旅の持ち物（いくつかを）

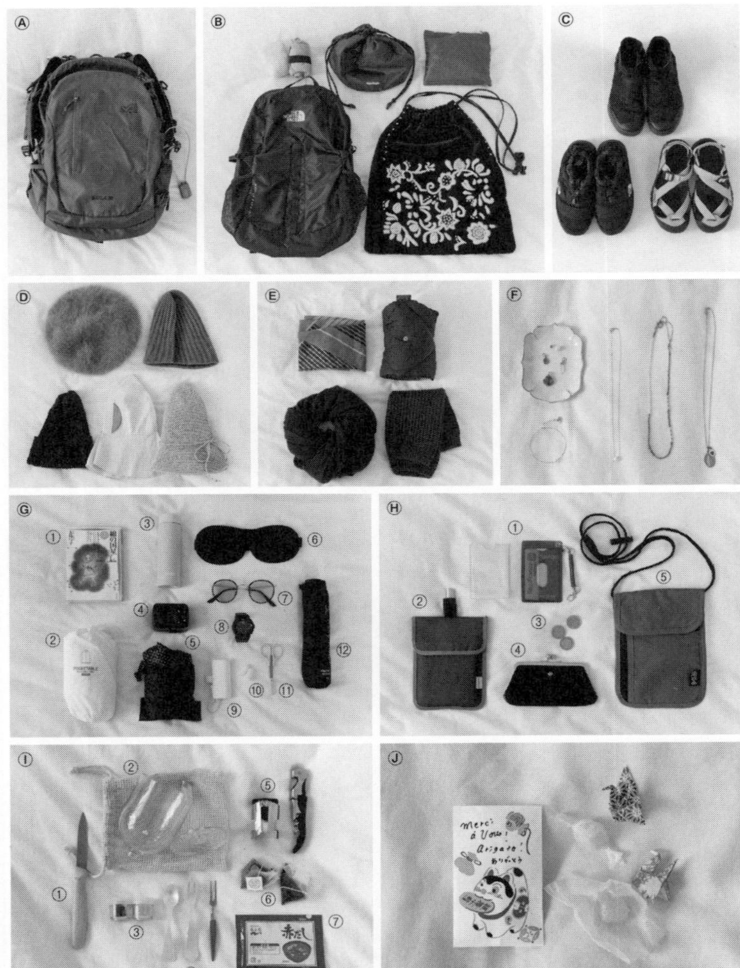

Ⓐ **リュック**
ミレーのクーラ30リットル。シンプルなデザインで町でも目立ちづらくウエスト部のストラップで安定。メインポケットには鍵を取り付けられるジッパーが。雨用カバーは飛行機の預け入れの汚れ防止にも。

Ⓑ **降り畳めるサブバッグ**
ノースフェイスのリュックは22リットルのポケッタブル。トポロジーのリバーシブル巾着はポーチとして使用したり、ショルダーストラップをつければポシェットにも。冬はベロア素材の巾着も持参(きれいめな場所に行く際に使用)。エコバッグと土産用のポケッタブルバッグはダイソーで購入。

Ⓒ **シューズ**
足元の安定性重視。春、秋はキーンのショートブーツ。夏はキーンのサンダル(爪先がカバー◎)。冬はノースフェイスのヌプシ(パリ用で折り畳める布ブーツ持参)。

Ⓓ **折り畳める帽子**
気温調節やおしゃれにも。服は多く持たないので、帽子で気分を変える。

Ⓔ **首元、足元**
気温調節やおしゃれに、折り畳める軽量のものを。スカーフ、ダウンマフラー、カシミヤストール、レッグウォーマー。(冬はつま先インナー靴下も大活躍)

Ⓕ **アクセサリー**
チェーンネックレス、長さの調節できるネックレスにペンダントトップをいくつか。きれいめな場所にはパールで。

Ⓖ **役立ったもの**
① 何度読んでも好きな文庫サイズの本を1冊。長距離列車で向い合わせの席になったときのソワソワ対策にも。私の1冊は大島弓子の『綿の国星』。ふわっと癒される。
② 撥水パーカー。春と夏に持参。天候の悪いときや、機内の寒さ対策にも。差し色にもなる白をユニクロで購入。
③ 断熱マグ。春、秋、冬に持参。朝散歩や早い移動の列車で暖を取れるのは心強い。サーモスの120ml容量は飲みきりサイズで大きさも負担にならない。
④ 海外変換プラグコンセント。USBを直接差し込めるのでコンパクト。日本でも使用できるのも◎。
⑤ レッグレインカバー。雨足が強いときに靴の上からカバーできる。ヴァンダンジュなど土がつきやすい環境の汚れ対策にも。
⑥ アイマスク。滞在先で就寝時灯りが気になるときに。100均で購入。
⑦ UVサングラス。冬でも日差しが強いことが多いので目の疲れ対策に。落としたりなくすことも考慮して安価なものを持参。
⑧ 腕時計。携帯で時刻確認するより盗難予防になる。天候が悪くても安心で小さめスマートなベビー・ジーを持参。
⑨ モバイルバッテリー。
⑩ 耳栓。中心街の滞在の就寝時の音対策。100均で購入。
⑪ 手芸用ミニハサミ。先が細く切れ味よい。
⑫ 軽量折り畳み傘。100gはストレスフリー。

Ⓗ **貴重品**
クレジットカードは2枚持参。カードも紙幣も機内以外は分散して身に付ける。
① 磁気カードケース。スキミング防止対策に。コード付きカードケース。パリのナヴィゴカードやクレジットカードを入れてバッグの内に。
② クリップ付きパスポート・カードケース。パンツの時に。
③ ユーロコイン。服のポケットに数枚入れ有料トイレやカフェなどでさっと会計。
④ がま口財布。口が大きく開くともたつかなくて便利。皮製なら落ち着いた店でも多少はエレガント。
⑤ スキミング防止使用のパスポート・カードケース。

Ⓘ **食回り**
① 貸しアパートの包丁は切れがよくないこともある。ウェンガーのナイフは小さくて万能。
② ロゴスの割れないワイングラス。軽くて脚もグラスに納められコンパクト。旅のひとり酒もよりおいしく。
③ 自宅の塩と胡椒をひいて2連の詰め替え容器に。100均で購入。
④ ミニフォーク&スプーン。姫フォーク。列車内やホテルで。姫フォークは固いものでも刺しやすい。
⑤ ソムリエナイフとシャンパンストッパー。スパークリング、シードルもこの栓があれば、お腹パンパンになるまで飲まなくても大丈夫(笑)。
⑥ お茶のティーバッグ。リラックスできる好きなものを持参。ハーブティーはフランスは豊富なので現地で購入するのも楽しい。
⑦ インスタント味噌汁。日本食は現地で購入しやすいが割高なのと、自分好みは疲れたときに身体が落ち着く。

Ⓙ 旅先で温かな気持ちをいただいたらさっと小さなお礼を。ポチ袋にはメッセージを書いて、折り鶴と飴玉を。飴は柚子や抹茶が人気。

P11 コション・ヴォラン Cochon Volant / 22 Pl. des Capucins, 33800 Bordeaux

P14 オ・ペトラン・モワサゲ Au Pétrin Moissagais /
72 Cr de la Martinique, 33300 Bordeaux

P24 ラ・ピュス La Puce / 323 Grand Bigaroux, 33330 Saint-Sulpice-de-Faleyrens

P32 シェ・チョッツ Chez Txotx / 49 Quai Amiral Jaureguiberry, 64100 Bayonne

P35 ラ・カーヴ・ド・メルジーヌ La Cave de Mélusine /
85 Rue du Bourg, 65100 Lourdes

P42 メゾン・フェレロ Maison Ferrero / 4 Bd Madame Mère, 20000 Ajaccio

P45 グラシエ・ネリー Glacier Neri / 19-17 Bd Madame Mère, 20000 Ajaccio

P48 メゾン・ガレアニ Maison Galeani / 3 Rue Cardinal Fesch, 20000 Ajaccio

p55 ラ・リゴット La Rigotte / 18 Rue de Belfort, 25000 Besançon

P59 トロケ・レ・ザシーブ Troquet Les Archives /
1 Rue du Vieux Château, 39600 Arbois

P62 ル・カシシウム Le Cassissium / https://www.cassissium.fr/fr/accueil

P63 オーベルジュ・デュ・ギドン Auberge du Guidon / 44 D974, 21700 Comblanchien

P66 ラ・コート・ドール La Côte d'Or / 37 Rue Thurot, 21700 Nuits-Saint-Georges

P72 レ・プティ・ムース Les P'tits Mousses /
Bd Fernand Moureaux, 14360 Trouville-sur-Mer

P76 メゾン・エリー Maison Helie / D535, 14360 Trouville-sur-Mer

P79 ル・ヴォセル Le Vaucelles / 39 Rue de Vaucelles, 14130 Pont-l'Évêque

P79 カルヴァドス・ペール・マグロワール・レクスペリヨンス
Calvados Père Magloire l'Experience / https://www.calvados-experience.com/

P84 メゾン・ヴァトリエ Maison Vatelier / 78 Rue des Carmes, 76000 Rouen

P86 ブラッスリー・ラ・シコレ Brasserie La Chicorée / 15 Pl. Rihour, 59000 Lille

P92 オ・プティ・ブション・シェ・ジョルジュ Au Petit Bouchon Chez Georges /
8 Rue du Garet, 69001 Lyon

Carnet d'adresses

エッセイに登場した店などのフランス語名と住所抜粋

ボンジュー！ と メッシー（メルシー）！
地元の人たちが普段憩う場所も含まれています。尊ぶ心で挨拶を。

※ 定休日、営業時間は、実際に行かれる前にご確認をお願いします。

P97　プラリュ・リヨン・クロワルース Pralus Lyon Croix Rousse /
3 Gd Rue de la Croix-Rousse, 69004 Lyon

P99　ル・フレッティー LE FRETI / 12 Rue Sainte-Claire, 74000 Annecy

P103　マーミヨン Marmillon / 11 Rue Sainte-Claire, 74000 Annecy

P105　ベカ・オファ・シュタブ D'baecka Ofa Stub / 1 Rue des Juifs, 68150 Ribeauvillé

P111　ラ・メゾン・ド・ジュリエット La Maison de juliette /
1 Av. de l'Europe, 68590 Saint-Hippolyte

P115　ラ・メゾン・ルフェーブル・ルモワーヌ La maison Lefèvre Lemoine /
47 Rue Henri-Poincaré, 54000 Nancy

P116　ルグラン・フィーユ・エ・フィス LEGRAND Filles et Fils /
1 Rue de la Banque, 75002 Paris

P121　ル・バロン・ルージュ Le Baron Rouge / 1 Rue Théophile Roussel, 75012 Paris

P122　ア・ラミ・ピエール à L'ami Pierre / 5 Rue de la Main d'Or, 75011 Paris

P127　ル・リュビ Le Rubis / 10 Rue du Marché Saint-Honoré, 75001 Paris,

P133　ブリュノ・マチュウ Bruno Mathieu / 3 Rue de Montigny, 13100 Aix-en-Provence

P136　レ・アルセノー Les Arcenaulx / 25 Cr Honoré d'Estienne d'Orves, 13001 Marseille

P137　シェ・アラン Chez ALAIN（火曜、木曜、土曜に開かれるマルシェエクスアンプロヴァンスに出店）/
Pl. des Prêcheurs, 13100 Aix-en-Provence

P139　カフェ・コーモン Café Caumont / 3 Rue Joseph Cabassol, 13100 Aix-en-Provence

P144　430グラディ 430gradi / 1 Sq. Victoria, 06500 Menton

P152　ル・グリヨン Le Grillon / 9 Quai de la Loire, 37700 Saint-Pierre-des-Corps

P154　カレ・コアントロー Carré Cointreau /
https://www.cointreau.com/fr/fr/distillerie-cointreau

P157　ル・ガロ　Le Gallo / 21 Rue de Dinan, 35400 Saint-Malo

P163　ル・ギヨー・アラン Le Guillou Alain / Pl. de l'Église, 29180 Locronan

P163　カフェ・ジョワイユー・レンヌ Café Joyeux Rennes / 14 Rue Vasselot, 35000 Rennes

Vraiment Français

古着屋でスカーフを1枚無造作に掴みレジへ。古着をアヴァンギャルドに着こなすお兄ちゃんムッシューに「学生?」と聞かれ(女子旅で頬っぺがまんまるになっていた⁉)、「まさか‼ ランネ ドゥーミル(2000年)にパリでスタジエール(研修生)してたわよ!」と笑った。「えっ⁉」と苦笑いしながら、「僕はこんな日本語を知ってるんだよ」といくつか披露してくれたので、「いただきます」は日本ではとっても大切よと伝えた。ル・バロン・ルージュの日曜閉店時間まであと1時間、私はレジではなくザンに立ちたいんだとお得意の早歩きに小走りを組み合わせ駆けつけた。相変わらずの大賑わい、外にも客が溢れている。「パルドン、パルドン(ちょっとすいません)」と押し分け、ザンの角の空きにさーっと滑り込んだ。たしか始めの1杯はカンシー、無事にフランス全地域圏旅閉幕のひとり祝杯。オーナームッシューに注がれたグラスワインをひと口飲むと、フレッシュなソーヴィニヨン・ブランの柑橘の瑞々しさが身体に染み渡り、「(閉店時間までに)間に合った」と落ち着いた。すると、「おやおや、元気だった?」と以前顔見知りになったスタッフのおっとりお兄ちゃんムッシュージャメルが少し驚いた顔で声をかけてくれた。次回はいつになるか分からないがまた驚かせよう(笑)。前回は真っ赤な口紅の似合う可愛い料理人パリジェンヌとザンで話が弾んだが、今回は店の近くに住む彫りの深い渋おじブルトンムッシューや生まれも育ちも生粋のパリジャンムッシューたちと店の歴史や好みのワイン話が弾み、3杯ほど飲んでいると鐘が鳴る。そう、ラストオーダーの合図だ。するとブルトンムッシュークリスチアンは最後に3杯注文。「いつもラストオーダーは決まって2杯頼むんだ。僕が好きなワインだからぜひ飲んで」と、ご馳走してくれた。どこの地方と思ったらカンシー! 酒の好みが合いそうだ。「ここはね、ヴレモン フランセ! なんだよ。」とあと数年で退職を控えるクリスチアンはうれしそうに話した。“ヴレモン フランセ(本当にフランス、フランスそのもの)” フランスのあちらこちらの店でこの言葉を耳にした。パリでは、ア・ラミ・ピエールやル・リュビでも。変わらないと思っていたフランスの風景が変わっていたり変わり始めていたり。それは日本でも同じ。この言葉を口にする人たちが愛して止まない場所に出会えて、時間を共にできたことがとても幸せだった。旅の前は、フランスで四季の風景に身をお

ヴレモン フランセ！ あとがきにかえて

き気の向くまま食べて飲んで、ということに目が向いていた。フランスで長く暮らした経験はあるものの、文法が大の苦手で現地で必要以上の会話は……と思っていたのに、気づいたら、1つでも何か話そう、この人たちともっと話してみたい、という気持ちが芽生えていた。この1年四季折々の旅をしたが、通算2ヶ月間フランスに居たことになる。そんなに？ と思うほどあっという間。もし全く同じルートでフランス旅をしてみたいか尋ねられたら、間違いなく「ビヤンシュー（もちろん）！」と答えるだろう。なぜなら、素顔のフランスに出会えるから。また食べたいもの、また飲みたいもの、また眺めたいもの、そしてまた会いに行きたい人たちができたから。大通りの車道の真ん中でお互いの車を止め罵倒しあうムッシュー、マダムもいれば、バスの乗務運転が始めてのお兄ちゃんムッシューが道に迷い出すと誰ひとりそれを責めず、「しょうがないわね」と温かく道を教える人たちもいる。ことあるごとに「セ・ラ・ヴィー（それが人生さ）」と口にする人たち。私もなんやかんや人生折り返し。あちこち転んだり失敗したりして「セ・ラ・ヴィー」と言える年頃になった。年を重ねるごとに、この国はますます心地よく面白い。さて、賑やかに私の後夜祭の幕も閉じた。せっかくだから近くの愛しのア・ラミ・ピエール（その日は定休日）の看板を眺めに行こうとほろ酔いで足を延ばした。細い路地に入ると、あの赤い看板！……に、えっ！ マダムニコがシックにひとりタバコをしている。お互い驚き、一緒に笑った。「今日は休みなのよ、今ムッシューたちが店内のテレビでラグビー観戦なの、もう少ししたら落ち着くから」とマダムニコ。「定休日は知っていたの、でもパリ滞在が今日しかなく帰国前にこの場所に身をおきたくて」と私。ニコと2人、試合で大興奮の店に入ると、ムッシューローバンもびっくり顔からすぐに笑顔になってくれた。12月にテーブルをご一緒したムッシューカールも。ローバンとニコと店の絵葉書などを手掛けたお洒落なカメラマンムッシューガストンはじめ、常連が揃うア・ラミ・ピエールでアンコールの幕が開いたのは、きっとフランスからのサプライズに違いない（笑）。ではみんなで、ザンでサンテ‼

菖本幸子　Le23 Avril 2024

菖本幸子(Sachiko Shomoto)

1972年愛知生まれ。方向音痴、マイペース、おっちょこちょい。
菓子研究家、フードコーディネーター。
1997年渡仏。99年ル・コルドン・ブルーパリ校パティスリー科修了。
ホテル・ル・ブリストル・パリ、パティスリー・ストレー等で研修。
5年ほどのフランス暮らしを経て帰国。パティシエール、製菓講師の後に独立。
各メディアにてレシピ制作、コーディネート、スタイリングなどを手掛ける。
著書に『クリーム入りのマドレーヌ、ケーキみたいなフィナンシェ』(主婦と生活社/刊)など多数。
HP: sachi-et-creme.com

企画時から旅のわくわくを共有して温かくエールをくださった松本貴子さん、
美しいデザインを施してくれた古田雅美さんに感謝を込めて。
SHCの皆さん、井上孝明さん、髙梨順子さん、大山悦功さん、大山千恵里さん、Katsuo et Fuku。
そして本に携わっていただいた皆さん、本書を手に取り読んでくださった皆さんへ。
Mille merci !!!

ボナペティ! おいしいフランス巡り

2024年6月13日　第1刷発行

著者：菖本幸子(企画構成・執筆・撮影)
デザイン：古田雅美(opportune design Inc.)
編集：松本貴子(産業編集センター)

発行：株式会社産業編集センター
〒112-0011 東京都文京区千石4丁目39番17号
TEL. 03-5395-6133 / FAX. 03-5395-5320

印刷・製本：株式会社研文社

Printed in Japan
ISBN 978-4-86311-409-8 C0077